KB234466

똑똑한 부모 참고서

아이와의 소통으로 성적을 높이는

똑똑한 부모참고서

최석재 지음

지혜정원

부모로서 나는 아이를 위해
무엇을 할 것인가?

10년 넘게 학원을 운영하면서 많은 아이들을 만나 왔다. 친하게 지냈던 아이들은 성인이 되어 가끔 만나 즐겁게 수다도 떠는데, 아이들과의 첫 만남이 지금처럼 모두 유쾌했던 것은 아니다. 아이들을 가르치다 보면 얼마 지나지 않아서 장단점이 보인다. 단점이 보이면 반드시 고쳐보고 싶다는 생각이 든다. 이럴 때는 꼭 의사가 되는 기분이다. 간단한 처방으로 금방 성적이 오를 아이도 있고, 난치병을 앓는 사람처럼 오를 가능성은 있지만 과정이 매우 힘든 아이도 있다. 이렇게 가르치기 힘든 아이들은 저마다 크고 작은 문제점을 안고 있다.

문제의 원인이 뿌리 깊은 경우는 쉽게 해결되지 않아 안타까울

때가 많다. 이런 어려움 중에 일부는 부모의 오판에서 기인한다. 가장 이상적인 성적향상은 배경지식을 확장하고 의지를 키워서 아이 스스로 공부하게 만드는 것에 있다. 이러한 방법은 완벽하게 이상적인 방법이지만, 아이의 성적 앞에서 초조해진 부모는 종종 이성을 잃어버리고 악수를 둘 때가 있다.

오를 거라고 예상했던 아이의 성적이 떨어졌다고 가정해보자. 부모의 머릿속에는 별생각이 다 떠오른다. 공부방법이 잘못된 것은 아닌지, 지금 다니는 학원에 문제가 있는 것은 아닌지, 아이한테 무슨 일이 일어난 것은 아닌지, 성적이 올랐다는 옆집 아이는 어느 학원에 다니고 어떻게 공부를 하는지. 결국 부모는 가장 쉬운 방법을 선택한다. 바로 옆집 아이가 다녀서 성적이 올랐다는 학원으로 아이를 옮기는 것이다.

학원 역시 학부모의 단기간 성적향상이라는 요구를 무시할 수 없기 때문에 잘못된 교육을 할 때가 있다. 학원은 절대적 소비자인 학부모의 만족이 있어야 학원을 제대로 운영할 수 있다. 그래서인지 학생들이 다음 시험을 잘 볼 수 있도록 하는 것이 지상 최대의 과제가 되어버린 듯하다. 공부에 왕도는 없지만 단기간에 아이의 성적을 가장 빨리 오르게 하는 비결은 있다. 그것은 바로 '암기'이다. 암기 위주의 학습을 하게 되면 중하위권 아이들은 대부분 성적이 오른다. 성적이 오르면 부모는 암기방식의 학원공부방법이 옳다고 생각하거나 학원의 교육 시스템이 자신의 아이와 맞는다고 생각한다. 하지만, 여기서 분명히 짚고 넘어가야 할 것이 있다. 자, 모두 기억을 떠올려보자. 중·고등학교 시절 죽도록 외웠던 내용 중에 시험이 끝나고 남았던 것이 과연 있었던가? 암기로 시험을 준비한 학생에게 시험이 끝나고 일주일이 지나 다시 질문해보면 그 내용을 기억하는 학생은 거의 없다. 암기로 성적은 오르지만 실력이 높아진 것은 아니다. 공부에는 단계가 있다. 하나를 알아야 둘을 알 수 있다. 둘을 알 수 있는 바탕이 하나다. 어느 한 부분만을 암기했다고 그것을 이해할 수 있는 것이 아니다.

세계사를 예로 들어 보자. 고대 유럽의 제도와 사회 상황, 그리고 역학관계를 알아야 중세 유럽과 근대유럽의 흐름을 이해할 수 있다. 그런데 고대 유럽을 암기 위주로 공부한다면 어떻게 중세유럽을 이해할 수 있겠는가! 고대 로마와 게르만족, 그리고 노르만족의 상황과 생활을 이해해야 중세봉건시대를 이해할 수 있다. 그러나 고대 유럽을 외워서 성적이 잘 나온 학생은 중세 유럽까지 외울 수밖에 없게 된다. 중세를 외우면 근대시대 역시 외울 수밖에 없다. 암기는 또 다른 암기를 부른다. 단순암기는 힘들다. 지겹기도 하다.

암기만 하다 보면 그 과목이 미워지고 책만 봐도 머리가 아파진다. 게다가 응용문제 풀이도 힘들어진다. 하지만 이해를 한 학생은 다르다. 이해를 하게 되면 공부한 내용을 잊으려야 잊을 수가 없다. 이해한 내용을 바탕으로 다음 부분을 공부하게 되면 처음보다 훨씬 수월하게 이해하고 외울 수 있다. 이해를 바탕으로 한 암기를 할 수 있게 되는 것이다.

초등학교와 중학교 때, 단순 암기를 통해 성적이 오르면 자신감이 생긴다. 그러나 중학교와 고등학교로 넘어가게 되면 범위도 넓어지고 양도 많아진다. 과연 아이들이 그 많은 부분을 외울 수 있을까? 암기식 학습을 했던 학생들은 고등학교에 입학하면서부터 조금씩 성적이 하향곡선을 그리게 된다. 분경히 예전보다 더 열심히 공부를 하고 있는데 성적은 오르지 않고, 얼마 전까지 전교권이었던 성적은 점점 떨어지기만 하니 학생과 부모의 입장에선 이해할 수 없는 일이다. 공부 방법 외에도 성적이 떨어지는 것에는 다양한 원인이 있다. 아이와의 관계에서 문제가 생기고 소통이 되지 않아서 성적이 떨어지기도 하고, 잘못된 양육터도 등으로 성적이 떨어지기도 한다. 문제가 해결되지 않는 이유는 명확하다. 그것은 바로 부모의 문제 해결 방향이 잘못되었기 때문이다. 대부분 부모는 문제에 대한 해답을 외적인 부분에서 찾으려고 한다. 앞에서 말한 '강사'와 '학원' 선택에 골몰하는 것이다. 그러나 사실 대부분의 문제는 밖에 있지 않다. 아이의 마음에서 문제의 싹이 자라고 있고, 그 싹은 아이가 혼자 만들어낸 것이 아니다. 그래서 더욱 안타깝다.

아이에게 있어서 성적만이 문제가 되는 것은 아니다. 사춘기로 넘어가면서 겪게 되는 부모와의 미묘한 갈등, 핸드폰과 컴퓨터 사용으로 인한 갈등, 친구로 인한 갈등 등, 아이가 조금씩 자라면서 갈등은 더 많아지고 문제도 복잡해진다. 이렇게 문제가 생길 때 부모는 고민을 하며 속으로 되뇌게 된다.

'이럴 때는 어떻게 해야 하지?'

아이를 키우면서 부모는 수많은 선택의 기로에 서게 된다. 그 순간에서 어떤 선택을 하는가에 따라 아이의 삶이 달라질 수 있다. 선택을 잘 하기 위해서는 부모 역시 공부가 필요하다. 바른 선택을 위해 양육에 대한 정보를 수집하거나, 전문가의 조언을 듣고 아이에게 적용해보는 등 적극적인 노력이 필요하다.

나는 이 책이 자녀교육 앞에서 막막해하는 부모, 교육과 양육에서 오는 선택의 순간에서 고민하고 힘들어하는 부모들에게 작은 희망의 지침서가 될 것으로 믿는다.

세상의 모든 부모는 자식의 성공을 바란다. 그러나 21세기 양극

화된 현실 속에서 돈 없이 성공을 바라는 것은 낙타가 바늘구멍 통과하기처럼 점점 어려워지고 있다. 성공이라는 열매를 손에 쥔 사람들은 자신의 정보를 같은 부류의 사람들끼리만 서로 공유하고 인적관계를 형성한다. 그리고 자신의 자녀가 열매를 쉽게 얻을 수 있도록 온 신경을 집중하는 것이 오늘의 교육 현실이다. 과거에는 신분이 부를 발전시켰다면, 현재는 부가 부를 발전시키는 형국이 되어버린 것이다.

서민과 중산층의 능력으로 등록금 내는 것도 부담스러운 자사고와 외고, 과학고, 자율고 등이 상위권 대학의 입학 정원의 절반을 채우면서 교육의 양극화가 절정에 다다른 것처럼 보이지만 실상은 이제 시작에 불과할 뿐이다. 이러한 작금의 상황에서 아이에게 모든 것을 맡기고, 아이의 재능에 의존하거나 노력만 강요하는 것은 부모로서의 책임을 방기하는 것이다. 부모 역시 현명하고 똑똑하게, 돈을 많이 들이지 않고 교육하고 양육할 수 있도록 공부하고 노력해야 한다.

부모로서 나는 아이의 미래를 위해 어떠한 노력과 선택을 할 것인가?

이제 부모가 공부할 차례다.

제1장

현명한 부모가 되기 위한 삼위일체 학습법

:

아이를 위해 무엇을 해야 할 것인가?

학습법이 넘쳐나는 세상에 숟가락 하나를 더 얹고 싶은 마음은 추호도 없다. 그저 자녀를 어떻게 교육해야 할지 모르는 부모들을 위해 현장에서 수백 명의 아이들을 가르치고 상담하며 느낀 생각들을 집약하여 '삼위일체 학습법'을 만들게 되었다.

삼위일체 학습법이란 세 가지가 완벽하게 결합되어야 최고의 효과를 얻을 수 있다는 기본적인 학습전략으로서, 새로운 공부법이 아니라 공부의 기본을 말하는 학습법이다.

삼위일체 학습법의 첫 번째 요소는 배경지식과 체험이다. 배경지식이 있고 없음에 따라 아이의 지식 습득 능력은 엄청난 차이를 보인다. 체험을 많이 하고, 보고 듣고 느낀 것이 많은 아이는 생각도 다양하고 사고의 폭도 넓다.

두 번째는 의지와 집중력이다. 대한민국의 학생들은 학교에서 모두 같은 시간을 공부한다. 그러나 결과는 다르다. 같은 시간을 함께 공부하는데 성적 차이는 왜 생기는 걸까? 의지를 갖고 집중해서 공부한다면 성적차이가 나는 것은 당연한 일이다.

세 번째는 좋은 환경이다. '개천에서 용 난다.'라는 말이 있다. 과거에는 유효한 말이었겠지만 지금은 그렇지 않다. 요즘은 어머니의 정보력과 아버지의 재력에 의해 아이의 미래가 결정된다고 한다. 어머니의 정보력은 맞는 말이지만 아버지의 재력보다는 아버지의 교육 참여가 더 중요하다. 부모의 노력과 학교 선생님, 친구들을 포함한 주위 환경, 그리고 인터넷을 포함한 사교육을 어떻게 활용하는가에 따라 아이의 실력이 달라진다.

교육을 의미하는 에듀케이션(education)의 어원은 라틴어 '에듀카르(educare)' 다. '에듀카르' 란 '밖으로 이끌어내다' 라는 뜻으로 아이의 재능과 능력을 밖으로 끌어내어 주는 것을 말한다. 모든 아이는 가능성이 있다. 가능성이라는 것은 발견하기도 어렵고 이끌어내기도 힘들지만 배경지식과 체험, 아이의 의지와 집중력, 그리고 좋은 환경이 적절히 만나 조화를 이룬다면 아이의 재능과 능력을 끌어내어 최상위권으로 가는 왕도에 근접할 수 있다. 이것이 바로 삼위일체 학습법의 핵심이다.

자, 이제 삼위일체 학습법을 시작해 보자!

1

삼위일체 학습법 ①

배경지식과 경험이 사고의 폭을 넓힌다

배경지식은 공부의 소화효소다

요즘 아이들은 개인차가 큰 편이다. 공부방법도 모두 다르고 자란 환경도 다르다. 과학 과목을 예로 들어보자.

중2와 고1 과학 시간에는 지구의 판을 배운다. 쉽게 얘기하자면 '판' 이란 지구를 둘러싼 암석으로 된 껍질인데, 이 판은 하나가 아니라 여러 개의 조각으로 지구를 감싸고 있다. 이 조각들은 대류에 의해 이동하면서 서로 부딪치기도 하고 멀어지기도 한다. 수업시간에 판의 이동으로 일어나는 현상에 대해 설명할 때 눈치 빠른 아이들은 이렇게 말한다.

"선생님, 그럼 예전에 칠레 대지진도 판의 경계에서 일어난 건가요?"

일부 학생은 뉴스와 신문을 통해서 칠레 지진을 알고 있었다. 칠레의 위치까지 알고 있던 학생은 판의 경계까지 정확히 짚어낸다. 그러나 지리적 지식과 시사상식이 없는 학생들은 그냥 멀뚱멀뚱 쳐다보기만 할 뿐이다. 배경지식은 학생들에게 정말 중요하다. 배경지식이 있는 학생은 수업을 쉽게 이해하고 한 번 이해한 부분은 오랫동안 잊지 않는다. 더 중요한 것은 이해한 지식이 배경지식으로 다시 활용되어 다음 단원을 더 쉽게 이해 할 수 있다는 점이다.

소위 말하는 단순 암기식 공부 방법은 시험이 끝난 후 1개월을 넘기지 못한다. 시험이 끝났다고 모든 공부가 끝나는 것이 아니다. 공부는 초등학교에서 대학교까지 쉼 없이 이어진다. 암기식 학습은 매번 시험을 볼 때마다, 필요할 때마다 외우고 또 외워야 한다. 이 얼마나 허탈하고 시간 아까운 일인가.

사회 과목 역시 마찬가지다. 중학교 사회는 지리와 일반사회, 그리고 세계사로 나눌 수 있다. 중1 과정에서는 먼저 지리를 배우는데, 나는 중학교에 입학한 아이들에게 세계지도와 우리나라 전도를 선물한다. 지도를 통해서 세계지리에 대한 배경지식을 쌓기를 바라는 마음이 첫 번째이고, 수업 시간에 편하게 가르치고 싶은 이유가 두 번째이다. 항상 지리 첫 수업의 숙제는 세계에서 가장 긴 강, 가장 긴 산맥, 가장 큰 도시 베스트 5를 조사해서 세계 지도에 표시해 오는 것이다. 축척의 개념을 배우고 나면 서울에서 도쿄까지, 서울에서 모스크바까지의 거리를 축척과 자를 이용해서 알아오라고 숙제를 내준다. 사실 이러한 수업은 실제 성적 향상으로 바로 이어지진 않는다. 그러나 이와 같은 배경지식 습득을 통한 학습을 하면 중장기적으로 반드시 성적이 오르게 된다.

배경지식이 많은 아이와 그렇지 않은 아이는 수업 태도에서도 차이가 난다. 강사가 적절하게 리드를 하면, 배경지식이 있는 아이들은 자신의 지식을 자랑하고 싶어 한다. 그래서 대답도 잘하게 되고 수업에 더 집중하게 된다. 게다가 수업이 역동적으로 변해 훨씬 더 활기차고 유익한 시간이 된다.

학원에 충환이라는 학생이 있었다. 충환이는 다른 과목은 뛰어난 편은 아니었지만 모의고사에서 생물만은 항상 1등급을 기록했다. 공부하는 모습을 지켜봐도 다른 학생들과 특별한 차이를 느끼지 못해서 충환이에게 비결을 물어보았다.

"아, 네… 사실 어렸을 때 부모님이 생물백과사전을 한 권 사주셨는데 그걸 읽다 보니까 공부를 안 해도… 뭐 그냥, 생물은 쉽던데요."

충환이는 어릴 때부터 어떤 강요 없이 흥미롭게 사전을 보며 생물에 대한 배경지식을 키워왔던 것이다.

배경지식은 선행학습과는 다르다. 선행학습은 교과과정보다 먼저 그 부분을 배우는 것이지만 배경지식은 공부의 기반이 되는 것을 먼저 아는 것이다. 배경지식을 잘 활용하면 수업 내용을 두세 배 더 잘 이해할 수 있고, 오래 기억할 수 있다. 게다가 배경지식을 바탕으로 이해한 내용은 다른 학습의 배경지식으로 활용할 수 있다. 말 그대로 배경지식을 통해 꼬리에 꼬리를 무는 공부가 되는 것이다.

배경지식 습득의 확장, 잡지와 신문읽기

학원에 다니는 아이들을 대상으로 독서와 성적의 관계를 조사한 적이 있었다. 일반적으로 독서량이 많은 아이는 수업을 쉽게 이해했고, 모르는 지문이 나와도 어렵지 않게 분석을 했다. 독서를 통해서 말과 글을 이해하는 능력이 향상된 이유도 있겠지만, 독서를 통한 배경지식의 습득이 아이가 지문을 이해하는데 큰 도움이 된 것이다.

어린 시절의 배경지식은 주로 독서를 통해서 습득된다. 책을 통해 다양한 사람도 만나고 여러 환경을 간접경험하게 된다. 그리고 현대사회뿐만 아니라 과거의 사회와 외국의 사회를 만날 수 있다. 책을 읽으면서 의사도 되고 운동선수도 될 수 있다. 독서는 대리체험의 지존이라고 할 수 있다. 언제 우리가 이순신이 되어 보고 어떻게 독립 운동을 해보겠는가.

초등학교 고학년부터 국어과목에 설명문과 논설문의 비중이 증가한다. 이때 책읽기를 좋아하던 아이와 그렇지 않은 아이가 확연히 구분된다. 소설과 동화는 서사적 구조가 있고 갈등구조가 명확해서 책읽기를 싫어하는 아이들도 쉽게 흥미를 느낄 수 있지만 설명문과 논설문을 만나게 되면 읽기에 대한 흥미는 떨어진다. '세상에 이렇게 재미없는 글도 있구나.' 라는 생각을 하게 된다. 설명문과 논설문은 분명 문학작품들과는 여러모로 다르다. 그렇기 때문에 독서와는 다른 배경지식의 습득이 필요하다.

고차원적인 읽기에 도움이 되는 것이 바로 '신문과 잡지 읽기' 다. 신문과 잡지 읽기는 배경지식의 신대륙이다. 그것도 불모지가 아닌 금은보화가 가득 들어찬 축복의 땅이다. 신문과 잡지 속에는 책에는 없는 새롭고 다양한 어휘와 사회문제, 지리, 과학, 체육 등 모든 분야의 정보가 망라되어 있다.

이런 보물창고가 하루에 한 번씩 꼬박꼬박 배달되어 오지만 정작 아이는 관심이 없다. 그래서 신문은 아버지의 전유물이 되어 버린다. 어떻게 하면 아이들이 신문에 관심을 갖게 할 수 있을까?

아침밥을 먹지 않는 나는, 매일 아침 우리 아이가 밥을 먹을 때마다 신문을 읽어준다. 아들 태랑이는 처음에 다른 아이들과 마찬가지로 신문기사에 별다른 반응을 보이지 않았다. 아이가 신문에 관심이 없을 때는 아이가 관심이 있을만한 부분으로 공략해야 한다. 태랑이는 스포츠, 특히 야구를 좋아하는데 처음에는 스포츠 관련 기사를 읽어주었다. 처음에는 듣기만 하더니 조금씩 관심을 보이기 시작했다. 매일 아침 1년 넘게 신문을 읽어주었더니 태랑이는 신문에 대해 친근감을 갖기 시작했다. 그리고 조금씩 아이에게 읽어주는 분야를 확장해 나갔다. 스포츠면 다음에 재밌고 특이한 사건이 많이 보도되는 국제 뉴스를 읽기 시작했다.

전에 일어났던 아이슬란드 화산폭발을 예로 들어보자. 처음에 아이는 화산폭발과 같은 기사를 읽어주어도 스포츠 외에는 별 관심을 보이지 않았다. 새로운 방법이 필요했다.

아이가 신문읽기에 관심이 없을 때, 나는 먼저 탄성을 지른다. 그리고 관련된 기사를 짤막하게 읽어준다. 아이가 관심을 살짝 보일 때 아내에게만 화산재가 뒤덮인 유럽의 하늘 사진을 보여준다. 아내는 약간 과장하며 적절한 반응을 보여준다. 이렇게 되면 아무리 관심이 없던 아이도 내가 읽는 신문 앞에 달려올 수밖에 없다. 신문 앞으로 다가온 아이는 최고의 먹잇감이다. 아이에게 먼저 화산재의 사진을 보여주고 다음에는 기사 옆에 있는 그림(화산재가 서부유럽을 덮고 있는 지도 그림)을 보여주면서 아이슬란드와 영국, 독일의 위치를 짚어 준다. 그리고 분위기가 좋다면 한 가지 질문을 한다.

"태랑아, 왜 화산재가 서쪽으로 가지 않고 아이슬란드의 동쪽으로만 이동하는 줄 아니?"

이때 아내가 아이의 승리욕을 자극하는 힌트로 살짝 거든다.

"바람 때문인가?"

태랑이가 바람을 맞히면 약간 더 나아가서 편서풍까지 설명을 곁들인다. 아이의 호기심 충족이 끝난 후에도 멈추지 않고 신문 기사를 읽어준다. 화산에 관련된 기사를 처음부터 끝까지 읽어 나간다. 약간 어려운 내용이 나오더라도 이미 아이 머릿속에는 신문에서 본 아이슬란드 화산에 대한 그림이 그려져 있기 때문에 어렵지 않게 이해할 수 있다.

이렇게 신문읽기는 다양한 교과의 배경지식이 될 수 있다. 서부 유럽의 위치 확인을 통해서 유럽지리라는 배경지식을 확보했고, 편서풍을 통해서 과학과 사회의 배경지식을 확보했다. 게다가 잠깐의 신문읽기로 대륙 동안과 서안의 기후의 차이도 설명하기가 더 편해졌다. 무엇보다도 좋은 점은 신문을 읽으면서 그동안 편식했던 어휘를 다양하게 확장할 수 있다는 것이다. 신문의 어휘는 일반 책보다 더 다양하고 전문적이다.

비행기 운행금지로 돌아가지 못하는 영국민을 위해 영국 군함이 스페인에 정박하고 있다는 기사가 다음 날 신문에 실렸을 때, 아이가 어제보다 더 빨리 상황을 이해한 것은 당연했다. 그리고 군함이 왜 스페인에 정박했는지도.

새로운 어휘를 습득하고 이해하는 과정은 정말 중요하다. 내용파악의 첫걸음은 어휘의 이해에 있기 때문이다. 유아기에는 보통 엄마와의 의사소통을 통해서 어휘를 습득하게 된다. 가족과의 관계는 한정되어 있고 엄마도 일정한 범위 안에서 어휘를 사용하기 때문에 아이의 어휘 사용은 한계가 있다. 이때 독서를 잘 활용하면 어휘가 몰라보게 확장된다. 그러나 동화와 같은 글 역시 어휘는 제한되어 사용된다. 초등학교 2~3학년을 전후해서는 새로운 어휘를 습득할 공급원이 필요하다. 새로운 공급원이 바로 잡지와 신문이다.

잡지와 신문 속의 글은 보통 정보를 전달하는 설명문, 사건을 전달하는 기사문, 그리고 어떤 현상이나 문제에 대한 의견이 담겨 있는 논설문의 세 종류로 구분된다. 신문과 잡지에 실린 이러한 글들은 동화나 소설과는 성격이 다르다. 동화와 소설은 서사적인 구조로 줄거리가 있어서 이해도 쉽고 머릿속에 형상화하기가 쉽다. 그러나 신문과 잡지에 실린 글은 사건에 대한 이야기와 정보, 견해가 섞여 있어서 이해하기가 결코 쉽지 않다. 그러나 잡지와 신문읽기에 성공하게 되면 보다 고차원적인 이해가 가능해진다.

신문과 잡지는 소재도 다양하다. 사회문제부터 국제정세, 스포츠, 과학기술까지 우리가 경험하고 숨 쉬며 살아가는 생활의 모든 것이 소재가 된다. 소설 읽기가 상상력의 확장과 머릿속으로 그림을 그리는 형상화에 의의가 있다면 신문과 잡지 읽기는 모든 분야에서 배경지식의 심화와 어휘의 확장에 의의를 둘 수 있다.

그렇다면 어떻게 읽을 것인가?

신문과 잡지는 선택이 중요하다. 정확하고, 객관적인 시각으로 보도하는 신문을 선택하는 것이 중요하다. 자사나 특정한 세력, 그리고 기득권의 이익을 위한 기사를 쓰는 신문은 읽는 이로 하여금 편향된 가치관을 형성하게 한다. 잡지는 아이의 수준에 맞고 아이의 취향에 맞는 것을 먼저 선택하는 것이 중요하다.

선택을 했다면 어떻게 접근해야 할까? 먼저 아이가 좋아하는 것을 잘 파악해야 한다. 앞에서 말한 것처럼 나의 아들은 스포츠를 좋아한다. 스포츠에서 시작해서 조금씩 확장해 나가야 한다. 먼저 신문을 읽어줄 때 주위의 반응이 중요하다. 만약 신문을 아빠가 읽어준다면 엄마의 적절한 추임새가 필요하다.

예를 들어 '허리케인, 미국 플로리다 강타' 라는 기사가 사진과 함께 실렸다고 가정해 보자.

아빠: (놀라면서) 와! 대단하다.
엄마: (호기심 가득한 목소리로)왜요? 므슨 일 있어요?
아빠: 이렇게 큰 나무가 어떻게 쓰러졌지?
엄마: (신문에 시선을 고정하며) 그러게요~ 대단하네요!
아이: 뭔데요?

아이가 관심을 보인다면 일단 절반은 성공한 것이다. 아빠가 자연스레 설명해 주면 된다. 허리케인과 우리나라의 태풍을 연관 지어 설명해도 되고 지리와 연관 지어도 좋다. 이때 엄마가 적절한 추임새를 넣어주는 것이 중요하다. 아이는 허리케인이 무엇인지 알게 되었고 미국에 플로리다라는 지역이 있다는 것도 알게 된다. 게다가 정확히는 아니어도 '강타' 라는 단어가 가진 뜻과 분위기를 알게 된다.

아이가 신문읽기에 관심을 보이지 않는다고 해도 상관없다. 옆에서 읽어주는 것만으로 아이에게 도움이 된다. 중요한 점은 신문읽기가 긍정적인 효과를 거두려면, 아이와 소통이 원활하게 이루어져야 한다는 점이다.

신문과 잡지읽기는 첫 시작이 어렵다. 그러나 아이가 조금씩 이해해서 읽었던 기사가 다른 기사의 배경지식을 활용되어 나올 때쯤 되면 아이는 자연스럽게 신문과 잡지의 세계에 빠져들 것이다.

배경지식과 어휘의 확장은 독서에서 시작되어 신문과 잡지를 통해서 폭발적으로 확대된다.

보이는 모든 것이
배경지식이 될 수 있다

우리가 살고 있는 공간과 시간에 대한 학문이 바로 사회·역사와 과학이다. 우리가 살고 있는 지구의 자연현상과 그것을 이용해서 인간이 만들어낸 것을 배우는 학문이 지리이고, 과학적으로 분석한 학문이 지구과학이다. 그리고 우리가 살고 있는 지구라는 공간에서 인간이 만들어낸 모든 것 중에 지리를 제외한 학문이 일반사회이다. 정치, 경제와 문화 역시 모두 일반사회의 범주에 속한다.

역사는 시간의 흐름에서, 지구라는 공간에서 인간이 이룩한 것의 기록이다. 그리고 물리와 화학에 항상 등장하는 그래프에서 X축은 대부분 시간이다. 사회와 과학, 그리고 역사는 시간과 공간을 빼고 이야기할 수 없는 학문이다. 수학과 영어 역시 다르지 않다. 모두 일상생활과 연관되어 과거에서 현재로 이어져 왔고 발전되어 왔다.

이렇게 아이들이 배우는 모든 것은 우리가 살아가는 이곳의 시간과 공간, 그리고 일상에 대해 배우는 학문이라고 할 수 있다. 이것이 바로 우리와 우리의 자녀가 하고 있는 공부의 본질이다. 이 말은 곧, 우리 주위에 보이는 것과 들리는 모든 것이 학문의 배경지식이 될 수 있다는 말이 된다.

유아기의 아이들에게 배경지식을 전달하는 방법은 없는 것처럼 보인다. 아직 말도 못하는 아이들한테 무슨 배경지식일까 생각할 수도 있지만, 교육은 아이가 태어나는 순간부터 바로 시작되어야 한다. 아이가 알아듣지 못하더라도 부모는 정확한 의사소통을 하려고 노력해야 한다. 아이가 어리다고 어눌한 표현을 사용하면 아이 역시 표현이 어눌해진다. 어릴 때부터 부모가 아이와 소통하려고 노력하면 아이의 자기 표현력이 증대된다.

아이가 더 자라서 공간의 개념을 알게 되면 구체적인 거리와 시간의 수치를 말해주는 것이 필요하다. 예를 들어서 아이와 달리기를 해도 '○○이는 몇 미터 정도 달렸네.' 라고 말하는 것이 좋고, 전봇대의 높이, 아파트의 높이 등을 이야기해주는 것도 좋다. 나는 아이가 유치원에 입학할 무렵부터 함께 야구를 하기 시작했는데, 아이와 공을 주고받을 때도 아이가 던지는 공의 빠르기를 시속으로 말해주거나 때로는 초속으로 말해주기도 했다. 이렇게 일상에서 속력에 대해 이야기하니, 초등학교 2학년 무렵이 되어서는 속력의 개념을 확실하게 깨닫게 되었다.

아이를 태우고 운전할 때만큼 즐거운 학습시간도 드물다. 계기판을 보면서 자동차의 속력이 얼마인지 함께 볼 수 있고, 지도를 보면서 주변 산의 해발고도까지 함께 이야기를 나눌 수도 있다.

아이의 방에는 서울시 지도가 붙어 있다. 아이가 좋아하는 놀이동산과 자주 가는 지역이 동그라미로 표시되어 있다. 그리고 화장실벽에는 우리가 사는 지역의 지도가 붙어 있다. 우리 집을 중심으로 아이와 함께 등산했던 산이 빨갛게 동그라미 표시가 되어있다. 아이는 지도를 보면서 함께 등산했던 산의 해발고도와 집을 기준으로 했을 때 산의 위치 등을 자연스럽게 파악한다.

이렇게 일상 속에서 아이와 함께 우리가 사는 공간과 시간에 대해 파악하려고 노력하면 학습에 무한한 도움이 될 것이다.

체험을 통해 아이의 시야를 넓히자!

학원에 민욱이라는 중학생이 있었다. 이 아이는 성실한 노력파로 수업시간에 열심히 듣고 숙제도 한 번 거르는 적이 없었다. 모의고사 성적은 좋지 않지만 꾸준한 노력이 통하는 중간고사나 기말고사는 항상 상위권을 차지했다. 그러던 어느 날, 수학 선생님이 민욱이에 대한 상담을 요청했다. 웬만해서는 학생에 대해 긍정적으로 말하는 선생님인데 이때는 정말 절망적인 표정으로 말을 꺼냈다.

"민욱이는 아주 똘똘하진 않아도 곧잘 따라오는데 도형은 정말 이해를 못 해요. 도저히 방법이 없네요. 어떡하죠?"

나의 조언에 따라 수학 선생님은 교구도 이용해보고 종이로 전개도를 만들어 직접 도형을 만들어 보기도 했다. 그러나 민욱이는 여전히 도형을 이해하기 어려워했다. 며칠 후, 결국 수학 선생님은 민욱이의 도형감각에 두 손 두 발 모두 들고 말았다.

나는 민욱이가 도형을 이해하지 못하는 원인이 궁금해졌다. 아이와의 대화 결과 그 이유는 도형감각을 키우는 데 필요한 체험과 자극이 없던 탓이라고 결론을 내렸다. 민욱이의 부모는 맞벌이를 해서 민욱이를 할머님께 맡겼다고 한다. 할머님은 민욱이를 매우 귀하게 키웠다고 한다. 다칠까 봐, 혹시라도 잃어버릴까 봐 하루 종일 방안에서 놀게 했다는 것이다. 블록 놀이도 해본 적이 없었다고 한다. 그 흔한 모래 놀이라도 했더라면 손의 감각과 느낌을 통해서 모양과 무게, 부피 등을 파악할 수 있었을 텐데 말이다. 안타까운 일이다. 민욱이가 어릴 때 적당한 체험을 했다면 중고등학교 시절에 조금 더 편하게 공부를 했을지도 모른다.

체험의 가장 큰 장점은 체험을 통해 아이의 시야를 더욱 넓힐 수 있다는 점이다. 주위 아이들에게 장래 희망에 대해 물어보면 학년이 어릴수록 아이들의 입에서 나오는 직업과 꿈의 내용은 단순하다. 취학 전의 아이들은 간호사와 의사 또는 유치원 선생님이 대부분이다. 초등학교에 입학하고 태권도장에 다니게 되면 태권도 선수나 야구선수, 축구선수, 또는 연예인 등으로 확대된다. 아이들이 말하는 꿈과 직업은 자신이 자라면서 보았던 사람들이다. 아는 만큼 보이고 보이는 만큼 꿈이 커지는 것이다.

꿈이 확고하다는 것은 참 좋은 일이다. 꿈이 있음으로 해서 의지가 생길 수 있기 때문이다. 견문이 넓어지고 나서 천천히 꿈을 정하는 것도 좋지만, 꿈을 품는 것은 시기를 떠나 아이의 발전에 도움이 된다. 확실한 꿈이 있는 아이는 공부에 있어서나 생활 태도에 있어서나 꿈이 없는 아이와 많이 다르다. 꿈이 있는 아이들은 눈빛이 살아있다.

학원에 문화재를 유지 보수하는 일을 하고 싶어 하는 학생이 있었다. 나이는 어렸지만 꿈에 대한 확신이 있었다. 문화재 보수에 관심을 갖게 된 계기는 단순하다. 어렸을 때 절에 놀러 간 적이 있었는데 사찰 건물을 보수하는 사람들의 모습이 그렇게 멋져 보일 수 없었다는 것이다. 그 학생은 자신의 꿈을 따라 자신이 목표로 하던 대학의 문화재 관련 학과에 입학하였고 현재 졸업을 앞두고 있다. 단순한 체험과 경험이 아이의 꿈과 인생을 바꾸어 놓은 것이다.

무엇을 어떻게 경험할 것인가?

그렇다면 아이와 무엇을 경험해야 하는가?

아이와 다양한 체험을 해본 부모는 쉽게 생각할 수 있는 질문이겠지만 그렇지 않은 부모들은 사랑이 식은 연인이 데이트 일정을 짜는 것만큼 지루하고 힘들게 여겨질 것이다.

아이와의 체험만큼 설레는 계획이 세상에 또 있을까? 여행의 묘미가 준비하는 즐거움에 있는 것처럼 아이와의 체험 역시 마찬가지다. 아이와의 체험을 의무방어전이나 아이들의 교육을 위한 것으로 생각하면 부모도 재미가 없고 아이 역시 그렇게 생각하게 된다. 체험에서 가장 중요한 점은 부모와 자녀가 함께 재미를 느낄 수 있어야 한다는 점이다. 아이들의 놀이가 유치할 수도 있지만, 아이의 눈높이에 맞춰 함께 빠져들어 체험하면 부모도 즐거워질 것이고, 그

즐거운 에너지가 아이에게 모두 전달될 것이다.

아이와 경주에 함께 놀러 간 적이 있다. TV에서 보던 커다란 왕릉을 직접 보는 것만으로 아이는 무척 놀라워했다. 경주역 근처에서 3인용 자전거를 빌려서 경주 시내의 문화유적을 탐방했는데 자전거를 타고 달리는 몇 시간 동안 문화유적을 온몸으로 느낄 수 있었을 뿐만 아니라 부자지간의 끈끈한 유대관계도 확인할 수 있었다.

경주여행의 둘째 날에는 불국사로 향했다. TV와 책에서만 보던 여러 문화재를 감탄하면서 구경하고 있는데 무엇을 보았는지 아이가 갑자기 뛰어갔다. 아이가 한걸음에 달려간 곳에는 다보탑과 석가탑이 있었다.

"우와~ 이렇게 클 줄은 몰랐네."

사진과 그림으로 보던 탑들을 실제로 보자 아이는 탄성을 터뜨렸다. 나에게 십 원짜리가 있느냐고 물어보더니 이내 아이는 십 원과 탑을 비교하면서 똑같다며 좋아한다. 평소에 알고 있던 문화재들을 보자 아이의 눈은 더욱 반짝였다. 아이는 무언가 깨닫고 느낄 때 눈이 반짝인다. 그것을 부모들은 잘 알고 있다. 반짝이는 눈을 본 것만으로 성공적인 여행이었다고 생각한다.

경주 여행 후 얼마 뒤 공주에 함께 다녀왔다. 신라의 고도(古都),

경주를 보았으니 이제 백제의 수도를 보여줘야겠다는 생각에서였다. 아이뿐 아니라 나와 아내도 공주는 처음이었다. 공주 시내에 가까워지자 금강이 보이기 시작했는데 나는 무척이나 놀랐다. 어쩌면 이리도 서울과 닮았는지. 금강이 한강이라면 공주시내와 산성은 위례성과 몽촌토성에 비견할 수 있었다.

근초고왕 시절의 백제는 중국과 일본을 포함한 동아시아에서 최고의 국력을 자랑했다. 당시 백제는 고구려의 왕을 죽이고 일본과 중국에도 영향력을 행사할 정도로 엄청난 힘을 보유했었다. 그러나 고구려의 소수림왕이 법과 제도, 그리고 교육을 정비해서 인재를 양성하고 경제력과 군사력을 키우며 무너져가는 고구려의 기틀을 다시 다졌고, 그 기반 위에 광개토대왕과 장수왕이 대외팽창 정책을 펼치자 백제는 다시 위축되고 말았다. 결국, 고구려에 의해 백제의 개로왕은 살해되고 눈물을 머금고 500년 수도인 서울을 버리고 남하할 수밖에 없었다. 갈 곳이 정해지지 않았던 왕과 귀족은 선발대를 시켜 수도를 삼을 만한 곳을 물색했을 것이다. 그리고 남하하던 선발대는 금강과 공주에 대해 보고했을 것이다. 500년 동안 한강과 생사고락을 함께했던 백제인은 강이 없는 수도는 생각하지 못했을 것이다. 백제의 두 번째 역사는 그렇게 시작된 것이다.

이렇게 백제의 처절했던 역사를 생각하니 공주가 더 애잔하게 다가왔다. 당시 아이가 어려서 삼국의 역학관계를 자세하게 설명하지는 못했지만 내가 공주에서 알게 된 배경지식과 체험이 언젠가 아이에게 도움이 될 것으로 믿기 때문에 공주여행 역시 좋은 체험이 될 수 있었다.

일부 부모는 아이와의 체험이 성적으로 직결되길 원한다. 체험도 해야겠고 아이의 성적도 올리고 싶다면 교과서 선행체험을 해보길 권한다. 사실 다양한 체험이 교과과정을 위한 체험보다 긍정적이지만, 집에서 문제집 한 권을 푸는 것보다는 교과서에 등장하는 것을 선행 체험하는 것이 훨씬 바람직하다.

도서관이나 서점에는 교과서 체험 학습에 관한 책들이 여러 종 나와 있다. 그중에서 학년별 학기별 체험 프로그램 책이 있는데 체험에 관한 정보가 부족한 부모라면 책의 도움을 받으며 아이들과 교과서 선행체험을 해보는 것도 좋다.

체험이라고 해서 항상 문화유적을 답사하고 교과서에 나오는 것을 체험할 필요는 없다. 각 지역 시청과 구청 홈페이지나 문화원 홈페이지를 방문해서 공지사항을 먼저 확인하면 그 지역에서 개최되는 다양한 문화행사들을 확인할 수 있다. 그리고 문화관광 메뉴를 확인하면 유명하지는 않지만 그 지역의 역사와 유래를 알 수 있는 다양한 체험거리가 많이 있다. 굳이 멀리 갈 필요 없이 자신이 사는 지역 근처부터 차근차근 체험해 나가는 것이 좋다.

　문화유적 답사와 지역 문화행사가 아니더라도 아이에게 도움이 될 만한 것들을 일상생활에서 찾아보는 것도 좋다. 아이와 집 주위를 산책하며 우리 동네 지도를 그려보는 것도 좋고, 봄나물을 함께 캐보는 것도 좋고, 식물도감 들고 산책을 하면서 예쁜 꽃과 나무들의 이름을 알아맞히는 놀이를 하는 것도 도움이 되는 체험거리라고 할 수 있다.

최고의 사교육은
부모와 함께하는 체험이다

아들 태랑이는 등산을 좋아하는데, 특히 등산하면서 수다 떠는 것을 즐긴다. 아이는 5시간이 넘는 등산길에도 쉴 새 없이 조잘거린다. 아이의 얘기에 적절한 추임새까지 넣어주면 에너지가 한층 고조된다.

"이곳의 해발고도가 얼마예요?"

"이 나무의 이름은 뭐예요?"

"저 새 좀 보세요!"

질문은 물론이고 한 주간 있었던 일들을 분 단위로 이야기한다. 어떤 때에는 자신이 체험한 시간보다 더 길게 얘기를 하기도 한다. 등산 중에 패러글라이딩하는 사람이라도 발견하면 글라이더가 어떻게 날 수 있는지, 무섭지는 않은지 등도 물어본다. 이렇게 아이가 무언가를 물어오는 시간이 아이와 부모 사이에서 가장 중요한 순간 가운데 하나다. 부모가 어떻게 반응하고 대답하는가에 따라 아이와의 관계가 발전할 수도 있고 굳어질 수도 있다. 아이와의 관계가 좋아야 교육도 가능하다.

아이의 질문에는 단답형으로 대답하면 안 된다. 자세하게 풀어서 친절하게 설명해 주고 아이가 호기심을 느낄 만한 것으로 주제를 확대해서 이야기를 풀어가야 한다.

우리 가족은 우리가 사는 지역과 주변의 시청, 군청, 구청 홈페이지를 자주 이용하는 편이다. 홈페이지에는 지역 축제와 알려지지 않은 다양한 행사가 소개되어 있다. 그래서 쉬는 날이면 일정에 맞춰 가족과 함께 가보려고 노력한다. 체험 행사에 가면 보통 가족단위의 관객이 많은데 가족을 대상으로 이벤트도 다양하게 열린다. 다른 사람들 앞에 나서길 싫어하는 우리 부부도, 행사에 부모의 도움이 필요하다는 요구가 있으면 가장 먼저 손을 들고 참여하려고 노력한다. 무대에 오르면 때론 웃음거리드 되고, 귀찮기도 하지만 엄마와 아빠가 무대에 오르면 아이가 체험에 더 몰입할 수 있다. 그리고 나와 아내의 행동을 보고 아이도 적극적인 사람이 될 거라는 생각에 용기를 낸다.

분당의 마이크로 과학박물관에 방문했었을 때의 일이다. 마이크로 과학박물관은 파충류부터 어류, 포유류까지 다양한 생물들을 관찰할 수 있고 현미경으로 직접 체험도 할 수 있는 매우 재미있는 박물관이다. 혈액을 현미경으로 관찰하는 곳에 갔을 때, 해설자가 피 한 방울만 나눠달라고 관객들에게 말했지만 선뜻 나서는 사람이 없었다. 피 보는 것을 두려워하는 나도 고개를 돌렸지만 태랑이가 간절한 눈빛으로 나를 쳐다봤다. 그래서 결국 자원을 했다. 바늘로 손끝을 딴 후 피 한 방울을 프레파라트로 만들어서 현미경으로 관찰하니 핏속에서 움직이는 혈구와 혈소판 등을 볼 수 있었다. 태랑이의 눈이 평소보다 더욱 반짝였음은 물론이다.

2

삼위일체 학습법 ②

의지와 집중력을 키우면 스스로 공부한다

의지의 다른 이름, 집중력

'우리 아이는요, 똑똑한데 집중을 잘 못해요.'

'우리 아이는 하려고 마음만 먹으면 충분히 잘할 아이예요.'

학원을 운영하면서 학부모에게 가장 많이 듣는 말 가운데 하나가 바로 '의지와 집중력 부족'이다. 의지의 다른 이름이 바로 집중력이다. 의지가 있으면 집중할 수 있기 때문이다.

다른 집 아이들은 집중도 잘하고 의지와 꿈도 있는데 왜 우리 아이는 의지도 약하고 집중력도 떨어질까? 학교생활의 스트레스 때문일까? 피곤해서일까? 학원숙제와 공부에 대한 압박감 때문일까? 그러나 대한민국 아이들이라면 모두 비슷한 일상일 텐데 왜 우리 아이만 의지가 약하고 집중력이 떨어질까? 고등학생을 봐도 그렇다. 야간 자율학습 시간은 수십만의 또래 학생들에게 똑같이 주어진 시간이다. 자율학습을 하지 않아도 어떤 형태로든 학생들은 같은 시간에 공부를 한다. 이렇게 같은 시간을 똑같이 공부한다면 성적이 모두 비슷하게 나와야 맞다. 그러나 1등부터 50만 등까지 성적은 모두 다르다. 같은 시간을 준비했는데 왜 다른 결과가 나오는 걸까?

해답은 단 하나다. 어떤 학생이 얼마나 하고자 하는 의지를 갖고 주어진 시간을 잘 활용해서 집중했는가에 따라 결과는 달라진다. 집중해서 공부하는 아이의 20분이 그렇지 못한 아이의 3시간보다 훨씬 효율적이다.

내가 지도하는 아이 중에도 집중하지 못해 힘들어하는 아이들이 있다. 겉으로 보기에 공부를 열심히 하는 것 같지만 실제는 몰입하지 못하고 멍하니 책만 바라본다. 자율학습 시간에 집중력이 떨어지는 아이를 몰래 지켜보면 얼마 지나지 않아 재미있는 광경을 목격하게 된다.

일단 아이는 책상에 앉는다. 그리고 책을 펴고 보기 시작한다. 1분이나 지났을까? 아이는 잠시 뒤 샤프심을 바꾸기 시작한다. 5분 넘게 샤프심을 갈면 다시 책을 본다. 그리고 얼마 지나지 않아 옆의 친구에게 뭐라고 말한다. 학생을 지켜보고 있다가 제지를 하면 이렇게 말한다.

"시험범위 물어보는 건데요."

친구에게 시험범위를 확인한 아이는 갑자기 목이 마르다. 물을 마시고 돌아온 아이는 잠시 책을 보다가 필통정리에 들어간다. 필통정리가 끝나면 친구를 한 번 쳐다본다. 열심히 공부하는 친구를 보면서 다시 책으로 시선을 돌리지만 아이의 눈은 이미 살짝 풀어져 있다. 결국, 아이는 1시간을 앉아 있었지만 집중해서 공부한 시간은 5분도 채 되지 않는다.

집중력이 부족한 아이들의 공통점은 공부를 시작하면 갑자기 하고 싶은 게 많아진다는 것이다. 공부를 하게 되면 평소에 하지 않던 책상정리를 하게 되고, 평소에 손이 가지 않던 책에 갑자기 손이 가고, 핸드폰의 오래된 문자를 다시 한 번 훑어보고 싶어진다.

어떤 아이들은 자리를 많이 타기도 한다. 독서실이 잘된다는 아이, 집이 잘된다는 아이, 도서관이 잘된다는 아이 등 장소도 여러 가지다. 과연 이 아이들이 그곳에 가면 정말 집중하면서 공부할 수 있을까? 그렇지 못한 경우가 다반사일 것이다.

어떻게 하면 어릴 때부터 의지와 집중력을 높일 수 있을까?

놀이터에서 모래 놀이를 하는 어린 아이들의 모습을 보면 이 문제 해결의 힌트를 발견할 수 있다. 신나게 집중하면서 모래 놀이를 하는 아이들은 자기가 하는 일에 푹 빠져 있다. 어릴 때 자기가 하는 일에 푹 빠져서 잘 노는 아이가 커서도 집중력이 뛰어나다. 하고 있는 것에 즐거움을 느끼고 있기 때문이다.

세 살짜리 아이를 보자. 아이가 어떤 놀이를 하면서 엄마에게 이야기하기 시작한다. 세 살 아이의 말은 무엇인지 분간하기 어렵다. 이때 엄마가 '응, 그랬구나~' 라고 받아쳐 주기만 해도 아이는 신나서 놀이에 더 집중한다. 그리고 더 많은 것을 보여주고 표현하려고 노력한다. 아이의 모습처럼 집중력 향상의 열쇠는 관심과 칭찬, 즐거움에서 발견할 수 있다.

의지와 집중력은
어떻게 키울 수 있는가?

집중력이 떨어지는 경우는 크게 신체적인 원인과 정신적인 원인으로 나눌 수 있다. 신체적인 원인으로는 심한 축농증이나 ADHD 등을 꼽을 수 있는데, 이것은 병리적 치료를 병행하면 된다. 예전에 우리 학원에 다녔던 한 아이도 심한 축농증으로 항상 몽롱한 상태였고 자율학습시간 역시 집중을 하지 못했다. 축농증으로 수면마저 비정상적이어서 항상 피곤한 모습으로 생활했다. 수업시간에도 잠깐씩 집중할 뿐, 시간이 지나면 몸과 마음이 흐트러졌다. 계속 내버려둘 수 없어서 부모님께 적극적인 치료가 필요하다고 말씀드렸더니 얼마 지나지 않아 아이는 수술을 받게 되었고 보다 편한 모습으로 생활을 할 수 있었다. 집중력이 높아진 것은 두말할 필요도 없다.

이와 같은 신체적인 문제는 병원에서 해결할 수 있지만 정신적 원인에서 기인한 집중력 저하는 쉽게 고치기 어렵다. 정신적인 원인에는 무엇이 있을까? 집중력이 떨어지는 아이의 대부분은 주위 사람들과 원만한 관계를 보이지 못한다. 특히 부모와의 관계가 원만하지 못한 경우가 많다.

학원에 성호라는 학생이 있었다. 중2까지는 부모님 말씀에 순종하고 착실한 학생이었다. 그런데 언젠가부터 수업 내용에 빠져들지 못하고 겉도는 느낌을 받았다. 성호를 따로 불러 이유를 물어보니 성호는 아버지와 관계가 원만하지 못하다며 울먹였다. 아버지는 성호의 성적을 용납하지 못하셨다. 아버지는 일 때문에 아이의 공부를 어머니에게 맡기고 가끔 점검만 하시는데, 성적을 점검하는 날에는 아버지의 질타가 더욱 심했다고 한다. 어릴 때는 서로 농담도 하고 대화도 나눴는데, 성적 때문에 심한 갈등이 생긴 후로 간단한 대답이나 인사 외에는 아버지와의 대화가 사라졌다고 한다. 아버지의 질타가 강해질수록 성호는 아버지 앞에서 더 작아졌다고 한다. 그러나 아이의 머리가 굵어지고 덩치가 커지면서 조금씩 갈등이 터지기 시작했다. 아버지에게 향하던 분노는 자신을 이해해주는 어머니와 여동생에게도 영향을 미쳐서 이유없는 짜증과 반항으로 이어졌다. 어머니는 아버지와 아들 사이에서 조율을 시도하며 관계개선에 노력했지만 아버지와 아들의 관계는 즈금도 나아지지 않았다.

아버지와의 갈등을 해결하지 못한 성호는 더욱 예민해졌다. 그리고 항상 가슴이 답답하다고 말했다.

"선생님, 가슴이 답답하고 머리가 터질 것 같아요. 가만있을 수가 없어요."

공부와 성적이 무엇이기에 세상에서 가장 중요한 가족 관계를 이렇게 망쳐버리는 걸까? 답답한 마음에 아버지는 호통과 질책을 해결책으로 생각했지만 그런 상황에서는 오히려 역효과를 일으키게 된다. 잠깐의 호통이 아이가 하나를 더 암기하는 데에 영향을 줄 수는 있겠지만, 장기적으로 보았을 때 아이와의 신뢰가 깨질 뿐만 아니라 아이의 학습에도 좋지 않은 영향을 미친다는 점을 상기해야 한다.

승민이라는 학생이 있었다. 승민이의 아버지는 어릴 때 부모님을 여의고 친척집에서 자랐다. 눈칫밥을 먹고 자란 아버지는 무엇이든 혼자 해결해야 했다. 승민이의 아버지는 악착같이 공부하고 노력해서 국내 대기업의 연구원이 되었고 인정받는 위치까지 올랐다고 한다. 성장 환경은 좋지 않았지만 본인의 노력으로 성공한 자수성가의 전형적인 케이스라고 할 수 있다.

이러한 자수성가형 아버지는 아들이 반에서 3등 안에 들지 못하는 것을 이해하지 못했다. 자신이 공부할 때보다 훨씬 환경이 좋은데 왜 1등을 못하냐는 것이었다. 성호의 경우처럼 승민이도 갈등이 이어졌다. 학원에서 승민이는 혼자 이유 없이 울기도 하고 친구들의 작은 놀림에도 매우 신경질적으로 반응해서 아이들이 놀라기도 했다. 승민이 어머니는 '두 남자 사이에서 너무 힘들다.' 라고 내게 하소연을 하셨다.

성호와 승민이의 경우, 근본적인 원인을 해결하지 못한 채 그냥 덮고 넘어가는 것이 반복되는 상태를 유지하고 있다. 겉으로 보기에는 갈등이 어느 정도 해결되고 평온한 일상생활을 하는 것 같지만 실상은 그렇지 않다. 혼자 살아갈 수 없는 아이들은 속으로 '조금만 더 참자.' 라고 다짐을 하며 얼른 커서 부모 곁을 떠날 생각을 하고 있다. 얼마나 불행한 일인가. 자신이 낳은 아이가 자신을 피해서 떠날 생각만 하고 있다니.

이렇게 부모와 갈등을 겪고 있는 아이들이 집중하면서 공부하기는 힘들다.

아이의 집중력과 의지는 쉽게 생기는 것이 아니다. 어릴 때부터 환경과 습관, 그리고 집안 분위기에 의해 조금씩 자리 잡는 것이다. 당연히 아이의 의지력 향상과 집중력 향상의 출발점은 부모다.

집중력과 의지는 가족의 이해와 배려, 그리고 부모의 행동과 적절한 훈육을 통해서 생기는 것이다. 평안한 가정, 꿈과 희망이 있는 가정에서 아이의 집중력과 의지는 자연스럽게 자란다.

아래의 이야기를 보면서 어떤 부모가 되어야 할지 한번 생각해 보자.

전쟁터에서 다리에 종기가 나 고생을 하던 병사가 있었다. 군대를 지휘하던 장군은 이 말을 듣고 그 병사의 종기의 고름을 자기 입으로 빨아내고 약을 발라 치료해 주었다. 그 소식을 들은 병사의 어머니는 감동은커녕, 큰 소리로 통곡했다. 이상하게 여긴 이웃 사람이 병사의 어머니에게 물었다.

"아니, 장군이 아들의 종기를 빨아 치료해 주었다면 영광스럽게 생각해야 할 일인데 왜 우는 겁니까?"

어머니가 울면서 말했다.

"예전에도 바로 그 장군이 내 남편의 종기를 빨아 주었습니다. 내 남편은 그 일에 감격해 전쟁에 나가 물러서지 않고 싸우다가 죽고 말았습니다. 이제 다시 내 아들이 같은 일을 겪었으니 그 애도 언제 죽을지 몰라 우는 것입니다."

위의 이야기는 춘추전국시대의 오기라는 사람의 기록이다. 이 일화에서 눈여겨봐야 할 부분은 오기 장군이 어떻게 부하 장수와 병졸의 사기를 높였느냐는 점이다. 오기 역시 종기에 입을 데는 것이 좋지 않았을 것이다. 하지만, 오기는 자신이 그것을 견뎌냈을 때의 결과를 미리 생각해 보았을 것이다. 그리고 자신을 희생한 것이다. 종기가 생긴 병사만 사기가 높아진 것이 아니라 장군의 행동을 지켜보던 다른 병졸 역시 마음의 변화가 있었을 것이다. 만약 전투 중에 장군이 선봉에 서서 싸운다면 장군을 따르는 병졸들은 장군을 지키기 위해 죽기 살기로 적에게 달려들 것이다.

오기의 이야기를 통해서 말하고 싶은 것은 바로 부모의 솔선수범과 희생이다. 아이들에게 꿈과 희망과 열정이 생기려면 부모가 먼저 모범을 보여야 한다. 그리고 부모도 삶에 대한 꿈과 희망이 있어야 한다. 부모가 현실에 안주하고 나태해지면 아이도 똑같이 될 수밖에 없다. 부모는 TV를 보면서, 아이에게 TV 보지 말고 공부하라고 하면 과연 아이가 집중해서 공부할 수 있을까? 밖에서 아무리 힘들게 일하고 들어왔어도 아이 앞에서는 흐트러진 모습은 보이지 않아야 한다.

한 번은 이런 일이 있었다. 아이가 TV와 인터넷에 빠져서 공부를 하지 않는다고 학원생 어머니가 하소연하셨다. 공부를 해도 책상머리에만 붙어 있을 뿐 집중해서 공부하지 못한다는 것이다.

"아이가 공부할 때 어머님은 주로 무엇을 하세요?"

어머니에게 질문을 하니 어머니는 말을 얼버무리면서 이렇게 대답한다.

"저는… 뉴스도 보고, 드라마도 보고…."

이런 상황에서 어머니의 말에 순종할 아이가 얼마나 있을까?

나는 아이 어머니에게 거실에서 TV를 치우고 아이 방의 컴퓨터를 거실로 옮긴 후 컴퓨터 사용 시간을 구제해 달라고 했다. TV를 치우라는 말에 어머니는 살짝 놀라셨으나 부모의 희생이 없으면 아이는 변하지 않는다고 하자 이내 마음을 다잡으셨다. 그리고 한 가지 더 주문한 것은 아이가 공부할 때 어머니도 어떤 목표를 세워서 도전해보시라고 일러 드렸다.

"어머님, 운전면허도 좋고 자격증 공부도 좋습니다."

처음에는 아이와 어머니 둘 다 힘들었지만, 나중에는 아이의 태도도 좋아지고 자신의 삶도 달라졌다며 고맙다고 연락을 해오셨다.

아이의 집중력이 강해지고, 의지가 생기려면 부모가 먼저 희생하고 변해야 한다. 부모가 학생 때 똑똑하고 공부를 잘했다고 해도 현재 나태하고 현실에 안주한다면 아이도 부모의 모습을 따라갈 수밖에 없다. 그리고 성호와 승민이의 부모처럼 아이의 상황을 이해하지 못하고 훈계만 하는 것은 관계만 단절시킬 뿐 아이의 집중력과 성적 향상에는 전혀 도움을 주지 못한다. 아이는 부모의 거울이라는 말이 있다. 아이가 곧 부모인 셈이다.

적절한 칭찬이
의지와 집중력을 향상시킨다

우리 아이는 머리가 큰 편이다. 100일이 한참 지나서도 목을 가누지 못할 정도였다. 5~6살이 되어서는 무거운 머리 때문에 균형을 잡는 것이 힘들어서 빨리 달리지를 못했다. 그러나 아내는 열심히 뛰는 아이에게 정말 잘 달린다고 항상 칭찬을 했다. 나는 조금 걱정이 되었다. 운동신경이 떨어지고 몸이 굼뜨면 어쩌나 하고 고민이 되었다. 그러나 아내는 아랑곳하지 않고 항상 칭찬만 했다.

"와~ 태랑아! 멋지다. 지난번보다 0.5초 단축됐어!"

또래 친구와 달리기 시합을 하면 처음에는 거의 절반 가까이 차이가 났다. 하지만 아내는 변함없이 아이에게 잘 달린다고 칭찬을 했다. 그렇게 시간이 흘러 초등학교에 입학했을 때, 아이는 놀라울 정도로 민첩해져 있었다. 아이의 말로는 자신이 반에서 세 번째로 빠르다는 것이다.

칭찬의 힘은 상상을 초월한다. 무서운 집중력을 발휘하게 하는 묘약이 칭찬에 숨어 있다.

학원에 윤지라는 아이가 있었다. 예쁘장한 윤지는 목소리가 중성적이었다. 윤지는 본인의 목소리에 콤플렉스가 있었지만 내가 듣기에는 발음이 정확하고 꾸밈이 없어 듣기 좋았다.

"와~ 윤지야, 너 나중에 아나운서 돼라. 목소리가 김주하처럼 중성적이고 발음도 아나운서처럼 정확하다야~."

수업시간에 읽기를 마친 윤지에게 진심을 담아 이야기를 해주었더니 윤지는 그날 이후로 아나운서가 되겠다며 어느 과에 진학해야 아나운서가 될 수 있는지 진지하게 물어왔다. 공부를 잘해야 한다는 나의 말에 평소보다 수업시간에 집중해서 공부하게 된 것은 당연했다.

물론, 집중력의 묘약인 칭찬도 잘못 사용하거나 과다하게 사용하면 독이 될 수 있으므로 적당한 양을, 적절한 시기에 활용하는 것이 중요하다. 칭찬을 할 때 주의할 점은 아이 자신이 어떠한 목표를 위해 열심히 노력하는 아이라는 자긍심을 가질 수 있도록 칭찬을 해야 한다는 것이다.

무너진 집중력,
어떻게 다시 세워야할까?

중학생이 되어도 집중력이 떨어지고 의지가 없다면 문제는 커진다. 오랜 시간 동안 쌓아온 학습습관도 무너지는 것은 한순간이다. 가장 좋은 해결 방법은 아이 스스로 위기를 극복하는 것이지만 여의치 않다면 부모가 나서야 한다.

부모는 먼저 아이의 문제를 인정하는 것이 중요하다. 그리고 자신이 아이의 문제를 모두 해결해야 한다는 중압감에서 벗어나야 한다. 또한, 자신이 아이를 가장 잘 알고 있다는 생각도 잠시 접어두고 주위의 도움을 받으려는 열린 마음을 가져야 한다.

학원에 동진이라는 학생이 있었다. 이 아이는 수업에 집중을 잘 하지 못했다. 게다가 자꾸 이야기를 다른 곳으로 돌리려고 해서 수업에 방해가 되었다. 그래서 동진이 어머니와 상담을 하게 되었다.

어머니는 아이가 가진 문제를 잘 알고 계셨다. 나는 먼저 아이의 현재 상황을 설명하고 그간의 성장배경을 듣고 싶었다. 하지만, 어머니는 자신이 어떤 방법을 사용해서 아이를 고치려고 했는지에 대해서만 이야기하셨다. 어머니 역시 집중을 잘하지 못하셨다. 상담의 핵심은 아이에게 집중력 부족이라는 문제가 있으니 합리적으로 문제를 해결해보자는 것이었다. 그런데 문제를 제기한 사람의 의견은 듣지 않고 옛날이야기만 늘어놓으셨다. 마치 '나보다 자식 문제를 더 잘 아는 사람은 없다.' 라는 것처럼 말이다. 그리고 그 이야기는 자신은 어릴 때 공부를 잘했는데 아이는 왜 이렇게 못 하는지 모르겠다는 말로 마무리되었다.

아이에게 문제가 생긴 것은 창피한 일이 아니다. 그리고 문제의 책임을 아이에게 돌리는 것 역시 바른 해결방법이 아니다. 문제에 대한 해결책을 찾을 때는 먼저 자신과 아이의 문제점을 정확히 이야기하고 낮은 자세로 다른 사람의 이야기를 듣는 것이 중요하다. 물론 아이에 대해서 부모만큼 잘 아는 사람은 없겠지만 잘 알기 때문에 가까운 사실을 놓칠 수 있다. 그래서 상담과 조언이 필요한 것이다.

아이에게 있는 문제를 해결하기 위해서나 집중력을 높이기 위해 아이와 대화가 필요할 때, 남학생이냐, 여학생이냐에 따라 접근 방법이 약간 다르다. 남학생에게는 부모를 제외한, 아이의 멘토(mentor)가 되는 사람의 역할이 중요한데, 이때 멘토 역할로 조언을 하는 사람은 우선적으로 아이와 신뢰관계를 형성해야 한다. 멘토가 아이에게 진정성을 갖고 믿음을 보내주면 아이도 조금씩 변한다. 문제가 해결되지 않은 상황에서는 부모가 아무리 좋은 소리를 귀가 닳도록 얘기해봤자 아이는 잔소리로 밖에 듣지 않는다. 그러나 멘토의 이야기라면 상황은 다르다. 초등학생 남자아이라면 아이가 다니는 체육관의 관장님이나 사범님이 멘토 역할이 되어 지속적인 대화를 통해 해결해 나가는 것이 바람직하다. 이때 어머니는 사범님과 자주 연락하면서 아이의 변화를 관찰해야 한다.

여학생의 조언 멘토는 아이의 마음을 이해해 주고 수다의 상대가 되줄 수 있는 사람이 바람직하다. 여학생들은 자신의 마음과 처지를 조금만 이해해 줘도 많은 것을 내보인다. 그 점을 파고드는 것이 중요하다.

학원에 영덕이라는 학생이 다니고 있다. 이 아이는 중2 때부터 다니기 시작했는데 처음에 들어왔을 때는 무척 산만했다. 다른 아이들을 위해서라도 내보내야 하지 않나 싶었을 정도였다. 다른 아이들이 한마디 하면 어떻게든 받아쳐서 수업 진행을 방해하려고만 했다. 이렇게 산만하게 굴다가도 수업시간만 되면 멍하니 딴생각을 하는 게 이 아이의 특기였다. 그래서 선택한 방법이 당근과 채찍이었다. 영덕이와 친해지기 위해서 영덕이가 가장 좋아하는 게임을 배우기 시작했다. 총싸움하는 게임이었는데 덕분에 나도 그 게임의 고수가 되어 버렸다. 게임 이야기를 하면서 먼저 아이의 마음을 연 후, 슬슬 본론으로 들어갔다. 요지는 간단하다. 나는 너를 믿는다. 네가 잘할 것으로 믿는다. 지금은 비록 네가 실력을 발휘하지 못해도 언젠가 최고가 될 것으로 믿는다.

영덕이는 나의 관심을 받은 이후에 시험 점수가 잘 나오지 않으면 자신의 점수를 부끄러워했다. 그리고 나에게 잘 보이기 위해서라도 공부를 하려고 마음을 먹은 것 같았다. 이렇게 정신적인 부분은 해결되었는데 습관적으로 멍하게 있는 것은 쉽게 고쳐지지 않았다. 그래서 가장 고전적인 방법을 동원했다. 영덕이가 수업 중에 멍하니 있을 때마다 계속 지적을 했다. '멍'에서 깨어날 때까지 계속 의도적으로 자극을 주었다. 시간이 흘러 영덕이는 수업에도 조금씩 집중할 수 있었다. 그러나 수업에 집중하지 못했던 시간만큼 보충도 많이 필요했다.

그런데 몇 달 후, 멍한 상태에서 빠져나온 것으로 생각했던 영덕이가 다시 멍하니 있는 시간이 늘기 시작했다. 문제를 발견하고 영덕이와 대화하려고 했지만 영덕이는 끝까지 속을 털어놓지 않았다. 영덕이 어머니와 전화 통화를 해봤지만, 어머니도 이유를 모르셨다. 다만, 요즘 영덕이가 동생들을 폭력적으로 대하고 신경질을 부려서 동생들이 형이 무서워서 눈치만 보고 있다고 한다. 그리고 이제 너무 커버려서 자신의 말은 제대로 듣지도 않는다고 하소연을 하셨다. 아버지에게 말해서 영덕이를 타이르고 싶으셨지만 아버지에게 넘어가면 간단한 훈계로 끝나지 않을 것이기에 말할 수가 없었다고 한다. 사실 이러한 상황에서 아버지들에게 바통이 넘어가면 합리적인 방법으로 갈등이 해결되지 않는 경우가 대부분이다.

이처럼 아이의 마음속 깊이 있는 문제가 무엇인지 모르는 경우가 생길 수도 있다. 이런 때에는 그 문제점을 자꾸 캐묻는다거나 어설프게 조언을 하는 것보다는 털털한 자세와 진심이 담긴 말로 이해와 공감의 표현을 해주는 것이 좋다.

그날 밤, 수업이 없는 시간에 영덕이를 학원으로 불러냈다. 그리고 음식점에서 칼국수를 함께 먹었다. 다른 말은 필요 없었다. 집으로 돌아가는 영덕이에게 한마디 말을 건넸다.

"인마, 네가 맏아들이니까 동생들 잘 돌봐줘! 알아서 잘하고 인마."

며칠 후, 영덕이가 많이 변했다며 어머니로부터 감사의 전화가

왔다. 나와 영덕이가 믿음과 신뢰로 가까워졌기에 가능한 일이었다고 생각한다. 이렇듯, 아이에게는 부모나 가족이 아니라 객관적으로 자신을 살펴봐 주고 조언을 해주는 사람이 반드시 필요하다. 친척도 괜찮고 학원 선생님이어도 좋다.

영덕이는 아직도 학원에서는 약간 산만하지만 수업에 활기를 불어넣는 정도의 산만함이라 좋다. 올해 영덕이에게 믿기 어려운 일이 생겼다. 고등학교에 입학했는데 반장이 되었고 첫 중간고사에서 반 1등을 차지한 것이다. 요즘은 전교 1등을 하겠다며 큰소리를 친다.

청소년기의 아이들에게는 아이들의 마음을 이해할 수 있는 부모 이외의 조언의 멘토가 필요하다. 그리고 부모는 멘토와 지속적인 의견 교환을 통해 아이들의 상태를 확인하그 아이에게 문제가 있다면 솔직한 조언을 구해야 한다.

집중력을 키우는 효과적인 방법들

중학교 3학년 학생들은 다른 학년에 비해 가르치기 편하다. 집중력 향상에 대해 이야기하지 않아도 학생들 스스로 긴장을 하기 때문이다. 중3 학생들은 얼마 지나지 않아 중학교를 떠나 각자 다른 학교에 입학하게 된다. 중3 교실은 2학기가 되면 두 가지 모습이 연출된다. 고교 전형 일정이 계열별로 달라서 한쪽은 열심히 공부하려고 하고 한쪽에서는 미래를 결정했다는 안도감에 긴장이 풀어지는 모습을 보인다. 입학하게 될 학교가 결정된 아이들은 학교와 공부의 스트레스에서 일시적으로 해방된 것처럼 보인다. 일반계 고등학교에 진학하는 아이들은 부러운 듯 입학이 결정된 아이들을 바라보며 불안해 하지만, 시간이 조금만 지나면 입학이 결정된 아이들의 눈에서도 초조함과 불안함이 묻어나온다. 바로 어떻게 펼쳐질지 모르는 미래에 대한 불안감 때문이다.

고백하자면, 나는 학생들의 불안감을 이용하는 것을 즐긴다. 이 시기의 아이들은 미래에 대해 처음으로 고민하기 시작한다. 물론 이전부터 고민하면서 치열하게 살아온 아이들도 있지만 그런 생각이 없던 아이들도 중학교 3학년 2학기가 되면 자신의 미래에 대해 스스로 생각하게 된다. 이 시기는 아이를 관리할 절호의 찬스다. 이 시기에는 어떤 말을 해도 아이들에게 먹힌다. 아이들의 머릿속에 가득 차 있는 것은, 첫 번째가 답답함이고 그다음이 불안함이다. 이런 상황에서 부모가 어설프게 다가섰다가는 아이의 알 수 없는 짜증만 듣게 될 수도 있다. 그러나 학원은 다르다. 중3 수업 중에 미래에 대한 이야기나 고등학교 생활에 대해서 이야기하면 절대 딴청 피우는 학생이 없다. 정말 진지함 그 자체다. 평소에 까부는 아이들도 이 시간만큼은 입을 다문다.

인생에 대해 이야기하면서 어떤 고등학교를 선택하고 결정하는 것에 따라 어떻게 삶이 전개될 것인지에 대해서 이야기를 한다. 고등학교마다 스타일이 있고 학생의 내신과 모의고사 성적이 다르기 때문에 지금의 마음가짐에 따라 인생이 달라질 수도 있다고 이야기할 때면 아이들의 눈동자는 조금씩 떨리기 시작한다.

그래서 나는 아이들에게 장기적인 집중력을 세워주고자 할 때 이러한 불안감을 이용한다. 미래가 불안한 아이들은 마음을 터놓고 이야기하게 된다. 본능적으로 지금 무엇인가를 감추면 손해가 된다는 것을 알고 있기 때문이다. 이렇게 솔직해진 아이들과 대화하며 꿈에 대해서 이야기를 나누면 아이들의 생각을 자세히 이해할 수 있다. 아이와 더욱 가까워지는 느낌이 든다.

그러나 불안감을 이용하는 방법은 적당한 시기에 적절하게 사용하는 것이 중요하다. 중학교에 갓 들어온 아이들에게는 인생과 미래에 대한 이야기로 아주 약간의(집중할 정도의) 불안감을 조성하려 해도 잘 통하지 않는다. 아이들에게는 먼 미래일 뿐인 것이다. 또한, 불안감을 너무 자주 이용하면 아이가 무감각해져 항생제의 남용과도 같은 결과를 가져올 수도 있다. 시험이 얼마 남지 않았을 때 '미래에 대한 불안감 조성' 이라는 카드를 들기보다 아이의 집중력이 떨어졌을 때 사용하는 것이 좋다.

집중력을 높이는 여러 방법에서 체력을 키우는 것도 중요하다.

중3이던 철민이는 다른 학생들에 비해서 체력이 떨어지지 않았다. 가끔 감기에 걸리는 정도였던 터라 어렵지 않게 고등학교 생활에 적응할 거라고 예상했었다. 그런데 학교에 입학하고 2주째 되던 날, 일이 터지고 말았다. 학교에서 야간 자율학습을 마치고 학원 수업을 받던 중 철민이가 쓰러진 것이다. 구급차에 실려갈 정도로 심각하진 않았지만, 수업은 듣지 못할 정도의 상태였다. 안정을 찾은 철민이와 이야기를 하는데, 자신은 고등학교 야간 자율학습에 적응하지 못하겠다는 것이다. 그도 그럴 것이 아침 일찍 0교시 수업을 받으러 7시 40분까지 학교에 가고 중학교 때는 생각도 못했던 저녁밥을 학교에서 먹게 되었으니 철민이의 고충을 이해할 만했다. 게다가 밤 9시~10시에 야간 자율학습이 끝나고 학원수업이라도 있는 날이면 자정이 훌쩍 지나 집에 들어간다. 피곤함에 씻는 둥 마는 둥 바로 잠자리에 쓰러진다. 이런 생활을 갑작스럽게 하다 보니 철민이의 몸이 견디지 못한 것이다. 그러나 철민이에게 이것은 시작에 불과하다. 대한민국의 고등학생 누구나 이런 삶을 살고 있다. 철민이가 시스템을 바꾸지 못한다면 그것에 적응해야 한다. 그래서 철민이에게 제안한 것이 규칙적인 식사와 꾸준한 운동, 학교에서의 낮잠과 목표 세우기이다.

학교에서의 15분 정도의 깜빡 잠은 정신을 맑게 하고 새로운 기운을 돋게 한다. 점심시간 후의 낮잠은 철민이를 재충전하게 하는 역할을 할 것이다. 그리고 철민이에게 하루를 기준으로 목표를 세우기를 권했다. 목표가 확실한 삶은 지루하거나 피곤할 틈이 없다. 몸이 나태해질 때 피곤함은 찾아오고 집중력은 떨어진다.

아이와 등산을 하자

요즘 아이들은 끈기가 없다며 한탄하시는 분들을 가끔 본다. 하지만 요즘 아이들이라서 끈기가 없는 것이 아니라 원래 아이들은 대체로 끈기가 부족하다. 오히려 과거보다 승리욕은 좋아졌다고 생각한다. 그렇다면 효과적으로 아이들에게 끈기가 생기게 하는 방법은 무엇일까?

그 방법의 하나로 나는 등산을 권한다. 등산은 참 재미있는 운동이다. 보통의 운동은 힘이 들면 중간에 포기한 후 짐 싸서 집으로 돌아가면 그만이지만, 등산은 어디서 그만두던 자신이 올랐던 거리만큼 돌아와야 한다.

둘이서 하는 등산은 특별하다. 정상으로 향하는 긴 시간 동안 둘은 서로에게 집중할 수밖에 없다. 각자 다른 길로 갈 수도 없다. 어색한 분위기를 깨보려고 다양한 시도를 하다보면 그동안 아이와 서먹했더라도 쉽게 다시 가까워질 수 있다. 경사가 급할 때는 서로 손도 잡아주고 지치면 밀어주기도 하면서 오르는 산행에서 중간마다 쉬면서 먹는 도시락과 간식도 빼놓을 수 없는 즐거움이다. 그렇게 아이와 몇 시간을 걸어 올라, 힘들게 정상을 정복했을 때 아이는 게임이나 친구관계에서 느끼지 못했던 성취감을 맛보게 된다. 무엇을 해냈다는 뿌듯한 마음에 자긍심이 생긴다. 아이는 정상을 밟기 위해서는 한 걸음 한 걸음의 노력이 있어야 한다는 것도 깨닫게 된다. 세상에 공짜는 없다는 것을 깨닫는다는 말이다. 정상에서 성취감을 느끼는 아이를 바라보면 부모는 뿌듯함 이상의 기쁨을 느끼게 된다.

몇 년 전, 나는 아이와의 관계에서 위기에 직면했던 적이 있다. 일 때문에 평일에는 항상 늦게 집에 들어갔고, 주말 역시 수업이나 약속 때문에 아이와 함께 지내는 시간이 줄어들었던 것이다. 아이는 내가 없는 시간에 엄마와 함께 시간을 보냈다. 아빠 없이 전시회나 공연에 다니다 보니 아이는 나의 빈자리에 익숙해졌고 나중에는 아빠가 없어도 별다른 느낌을 갖지 않는 것처럼 보였다. 충격적인 일이었다. 아이가 아빠라는 존재에 대해 별 감흥을 갖지 않는다는 것은 세상에서 가장 불행한 일 가운데 하나다. 그래서 고심 끝에 시도하게 된 것이 서로에게 집중할 수 있는 등산이었다.

등산은 참 좋은 운동이지만 아이가 따라오지 않는다면 아무 소용이 없다. 무슨 일이든지 시작이 중요하다. 처음 낚시를 가서 고기를 많이 잡은 그 사람은 영원한 낚시광으로 남을 것이고, 한 마리도 잡지 못한 사람은 '세상에서 가장 재미없고 지루한 것' 이라고 낚시를 인식할 확률이 크다. 첫 등산이 즐거웠다면 아이와의 등산은 계속 이어질 것이다. 우리 아이는 등산을 좋아하지 않았다. 엄마와 함께 가는 것도 아니고 아빠와 둘이 등산을 간다는 것은 상상할 수 없었다. 그래서 나는 한 가지 꾀를 생각해 냈다.

우리 아이는 돈에 대해 욕심이 많다. 아이의 엄마가 그렇게 교육을 했다. 100원 동전 하나, 10원 하나도 소중하게 느끼게 하였다. 무엇을 사달라고 해도 돈의 귀중함과 돈벌이의 어려움을 먼저 말하고 사주었다.

"태랑아, 산삼이 뭔지 아니? 산에서 자라는 인삼인데 비싼 건 1,000만 원도 넘는데, 우리 산삼 캐러 갈래?"

이렇게 아이에게 '산삼 캐기' 라는 사기를 쳐서 결국 최초로 둘만의 등산을 하게 되었다. 처음 산행에서는 어린 참나무 뿌리를 캐어 돌아왔다. 아이는 그때 캤던 어린 참나무 뿌리를 지금도 산삼인 줄 알고 있다. 첫 번째 산행이 성공한 뒤로 서너 번 더 산삼을 캐러 다녔다. 산삼을 캐러 갈 때는 아이가 좋아하는 군것질거리나 아이가 좋아할 만한 것들을 꼭 챙겨서 갔다. 산을 오르며 대화할 내용도 미리 생각해서 철저하게 준비했다. 다행스럽게도 아이는 자연스럽게 산을 좋아하게 되어 이후에는 산삼 없이 둘이서 계속 등산을 할 수 있었다.

산의 깨끗한 공기와 맑은 정기를 마실 수 있는 시간, 그리고 가장 사랑하는 아이와 단둘이 서로에게 집중할 수 있는 등산을 사랑하지 않을 이유가 없다. 부모가 조금만 더 노력하면 등산을 통해 아이와 더 가까워질 수 있고 아이의 체력과 끈기도 길러줄 수 있다.

자전거를 좋아하는 나는, 자전거로 도로를 달리는 것보다 산을 타는 것을 좋아한다. 처음 산악자전거에 입문했을 때는 체력이 받쳐주지 못해서 오르막길에서는 대부분 자전거를 끌고 다녔다.

자전거는 참 이상하다. 자전거를 타고 30분 정도 산을 오르면 숨도 막히고 다리도 풀리면서 고통이 몰려오는데, 그 고통을 조금만 견뎌내면 무한한 자신감이 생긴다. 세상에서 나보다 체력이 강한 사람은 없을 것 같은 호기도 생기고, 무엇이든 다 할 수 있을 것 같은 생각도 든다. 동호회 사람들은 이러한 현상을 '산뽕을 맞다' 라고 표현을 한다. 스포츠과학 용어로 '러너스 하이(runners' high)' 라고 하는데, 러너스 하이란, 마라톤과 같은 일정 강도 이상의 운동을 지속했을 때, 육체적인 고통이 주는 스트레스에 대한 반작용의 형태로 쾌감을 느끼게되는 현상을 말한다. 이런 기분을 느끼기 위해 수십만의 사람들이 주말에 자전거를 타고 달린다.

내가 가입한 MTB(Mountain Bike) 동호회에 중학생 아이를 둔 학부모 회원이 있다. 내가 처음 그를 본 건 4년 전이다. 당시 그 회원은 100킬로그램에 육박하는 체중에 고혈압과 온갖 성인병을 갖고 있었다. 병원 상담에서 의사가 자전거를 타보라고 권해주었단다. 그래서 그는 우리 동호회의 식구가 되었다. 자전거를 타면서 혈압은 정상으로 돌아왔고 그를 괴롭히던 성인병도 꼬리를 감췄다.

그는 자신의 건강을 되찾아준 자전거를 사랑한다. 그러나 그가 가장 뿌듯하게 느끼는 것은 자전거를 통해 아들과 친구처럼 지낼 수 있게 되었다는 점이다. 아이와 함께 운동을 하려고 사준 자전거를 아이 역시 좋아했다. 아마 아이도 '러너스 하이'를 경험한 것 같다. 아빠와 아들은 자전거에 빠지게 되었고 유명한 자전거 대회에 부자가 함께 출전하기에 이르렀다. 운동을 한 이후로 아이도 집중력이 높아져 성적도 많이 올랐다. 자전거 덕분에 많은 것을 얻게 된 아이의 아빠는 큰맘 먹고 대당 300만 원이 훌쩍 넘는 좋은 자전거를 똑같이 두 대를 사서 지금도 아이와 함께 타고 다닌다. 600만 원이 넘는 큰돈을 쓰는 건 결코 쉬운 결정이 아니었으나 그는 전혀 아깝지 않다고 한다. 돈보다 더 값진 것을 자전거를 통해서 얻었기 때문이라고 한다.

태랑이의 꿈은 야구선수다. 아직 어려서 재능을 파악하는 것은 힘들지만 체구에 비해서 빠른 공을 던진다고 생각한다. 타격도 좋은 편이라 여건이 맞고 아이가 원한다면 야구선수의 길을 가는 것도 좋다고 생각한다. 처음부터 태랑이가 야구를 잘했던 것은 아니다. 일곱 살 무렵에는 공도 제대로 앞으로 던지지 못했다. 그러나 조금씩 연습하고 캐치볼을 하다 보니 자연스럽게 야구실력이 늘었다. 태랑이는 지금은 잠잘 때 야구하자는 말만 들어도 벌떡 일어날 정도다.

태랑이가 야구를 좋아하게 되면서 얻은 것들이 많다. 체력도 더 좋아졌고, 친구들보다 월등하게 뛰어난 야구실력 덕에 무슨 일을 해도 잘할 수 있다는 자신감으로 충만하다. 무엇보다도 야구를 하고 나면 스트레스가 다 풀리는 것처럼 보인다. 운동을 통해 마음속에 쌓인 찌꺼기를 풀어내니 자연스럽게 공부 또한 집중이 잘 될 수밖에 없다. 아이와 함께 운동을 하자. 집중력은 덤으로 따라올 것이다.

3

삼위일체 학습법 ❸

좋은 환경이 성적을 좌우한다

아이가 스스로
생각하고 실천하게 하라

중학생인 종흔이와 석원이는 비슷한 시기에 학원에 들어왔다. 종흔이 어머니는 얼마나 꼼꼼하신지 학원과 학교에서 내준 숙제를 완벽하게 점검하는 것은 기본이고 아이의 하루 일과를 계획하고, 계획한 시간표대로 아이를 이끄신다. 시간표에 따르면, 종흔이는 아침에 일찍 일어나서 암기과목을 공부한다. 새벽 시간이 집중이 잘된다는 이유에서다. 시험기간에 어머니의 노력은 눈물겹기까지 하다. 기술가정 과목은 학교 수업 내용과 시중에 판매하는 문제집 내용이 다르다며 어머니가 직접 선생님의 필기 내용과 교과서 시험범위를 바탕으로 공부 교재를 만들어서 종흔이를 지도하셨다. 그리고 학원이 끝나 저녁에 집에 오면 과외수업으로 영어·수학을 시키셨다. 다행스러운 것은 아이의 체력이 좋아서 어머니가 만들어

놓은 살인적인 스케줄에도 피곤한 줄을 모르고 버텨낸다는 점이었다. 그러나 나는 시간이 꽤 흐른 지금까지 기억한다. 종흔이의 눈은 항상 시들고 지쳐 있었다는 것을. 체력적으로 문제가 없었을지 몰라도 정신적으로는 큰 스트레스를 받고 있는 것이 느껴졌다.

당시 종흔이 어머니는 학교 시험기간에는 예체능을 비롯한 다른 과목도 정리해달라고 학원에 요구하셨다. 학원이 절대적 소비자 위치에 있는 학부모의 요구를 거절하는 것은 쉬운 일이 아니다. 그러나 거절할 수밖에 없었다. 단순히 요약 정리한 유인물을 나눠주는 것은 몰라도 나머지 과목까지 학원에서 정리하게 되면 부작용이 많아진다.

학원에서 아무리 이해위주의 수업과 자기주도 학습을 한다고 해도 시험 기간만큼은 불가능하다. 평소에 가르치던 과정을 정리하고 확인하는 데도 턱없이 모자란 시간인데 다른 과목까지 지도하면 요점정리와 암기 위주로 진행할 수밖에 없다. 그렇게 되면 아이는 학원에서 정리한 내용을 입만 벌리고 받아먹은 것밖에는 한 것이 없게 된다.

이런 식의 시험 준비는 스스로 할 수 있는 능력이 전혀 없는 최하위권 학생들에게 효과가 있을지 모르나 중상위권과 상위권 학생들에게는 독이 될 수 있다. 기타 과목은 학생 스스로 정리하고 개척할 수 있는 여지를 남기는 것이 좋다. 그래서 종흔이 어머니의 요구를 거절할 수밖에 없었다.

이렇게 애지중지 관리당한 종흔이의 성적은 어땠을까? 종흔이의 중간고사 성적은 전교 500여 명 중에서 60등대를 기록했고 어머니는 큰 실망을 하셨다. 어머니는 적어도 전교 10등 권을 생각하고 있었다. 나는 내심 이참에 어머니가 종흔이에 대한 교육방법에 문제를 느끼고 공부 방법을 바꾸기를 바랐다. 그러나 종흔이 어머니는 나의 바람과는 달리, 우리 학원의 학습방법이 잘못된 것 같다고 진단하시고서 학원을 그만두게 하셨다.

종흔이보다 약간 늦게 들어온 석원이는 사실 학원 입학테스트를 통과하지 못했던 아이다. 험상궂은 외모와 얼굴의 흉터 때문에 학원 아이들이 석원이를 무서워했다. 그리고 초등학교 때 축구부 활동을 열심히 했던 터라 성적도 좋지 않았고 기초지식도 많이 부족했다. 테스트에 통과하지 못했지만 석원이 어머니는 포기하지 않으시고 3개월 뒤 석원이를 데리고 학원에 다시 오셨다. 석원이 어머니는 처음부터 끝까지 같은 말씀만 계속 되풀이하셨다.

"석원이는 막내지만 듬직하고 어떤 일이든 책임감 있게 열심히 합니다. 정말 열심히 잘할 겁니다."

석원이는 그렇게 순전히 어머니의 정성으로 학원에 다니게 되었다. 그런데 석원이 어머니의 말씀이 내 뇌리에 남았는지 왠지 모르게 석원이가 잘해 나갈 거라는 막연한 희망을 품게 되었다. 어머니의 말씀처럼 석원이는 성실했다. 그러나 문제는 성적과 기초지식에 있었다. 수업까지 빠지며 운동만 했던 석원이는, 의욕은 있었지만 수업의 기본적인 내용조차 파악하지 못했다. 정말 답답한 6개월이었다. 석원이가 수준 낮은 질문을 하거나, 상황파악을 하지 못하는 질문을 할 때면 같은 반 학생들이 타박할 정도였다. 다만 한 가지 희망이 있던 점은, 석원이는 이해는 느렸지만 복습과 숙제는 최대한 열심히 했다는 점이다. 석원이 어머니는 이런 석원이를 향해 너는 꼭 해낼 거라며 항상 응원을 해주시고 무한한 신뢰를 보여주셨다. 종혼이 어머니와 달리 석원이 어머니는 석원이의 공부와 행동에 믿음을 가지고 지켜보실 뿐이었다. 물론 그냥 지켜만 보신 것은 아니고 학원과 학교 담임선생님께 자주 연락을 해서 석원이의 상황을 항상 체크하셨다.

석원이는 어떻게 되었을까? 중학교 1학년 때 석원이의 성적은 평균이 50점대였는데, 중3 졸업반이 되었을 때는 중간 기말시험에서 평균이 95점이 넘었다. 게다가 중3 때는 반장까지 하게 되었다. 아이들 사이에서는 책임감 있고 믿음직한 아이로 통했던 석원이는 얼마 전에 유명한 사립대학에 입학했다. 나는 이 모든 것을 어머니의 믿음의 힘이라고 생각한다.

종흔이는 자신이 원하던 곳이 아닌 대학에 겨우 합격했다는 소식을 들었다. 과연 종흔이 어머니는 현재의 상황을 어떻게 분석하실까? 종흔이 어머니가 한 가지 간과하신 것이 있다. 어머니의 철저한 관리가 처음에는 도움이 되는 듯 보인다. 그러나 시간이 흘러 고등학생이 되고 수능을 준비할 때쯤 되면 상황은 달라진다. 공부의 양도 많아지고 깊이도 깊어져서 부모가 아이의 학습을 주도적으로 이끌기 어려워진다. 아이의 공부를 부모가 따라가지 못하는 시기는 반드시 온다. 그 시기가 오기 전에 아이는 부모로부터 독립하고 주도적으로 자신의 공부계획을 끌어가야 한다. 종흔이 어머니의 노력만큼은 배울 만하지만 방법과 인식은 잘못된 것이다. 부모의 상황 판단이 중요한 대목이다.

칭찬과 훈계에도 기술이 필요하다

'칭찬은 고래도 춤추게 한다.' 는 말이 있다. 그 말처럼 칭찬은 관계를 매끄럽게 하고 아이의 숨은 재능을 끌어내기도 한다.

그러나 칭찬이 과연 아이에게 도움만 줄까?

아이가 학교에서 만든 로봇을 부모에게 보여주었다고 가정해 보자. 아이는 마음속으로 칭찬받기를 기다리고 있다. 이때 부모가 아무 반응이 없거나 아이가 생각했던 반응이 나오지 않으면 아이는 무척 속이 상한다. 그러나 무반응보다 아이에게 더 상처를 주는 것은 생각 없는 칭찬이다.

"어… 잘했네. 근데 내일 준비물은 없니?"

"우와, 진짜 너 천잰가 보다. 근데 움직이면 좋았을 텐데…."

첫 번째 대답을 보자. 아이는 자신이 만든 로봇에 자부심을 느끼고 있으므로, 부모와 조금 더 로봇에 대해 이야기하고 싶어 한다. 어떻게 만들었고, 어떤 시간에 만들었으며, 반 친구들과 선생님의 반응은 어땠고, 로봇 만들 때 있었던 재미있는 에피소드를 말하고 싶은데 로봇 이야기를 한두 마디로 끝내고 다른 이야기로 넘어가는 것은 아이의 마음에 상처를 주는 것이다.

두 번째 대답을 보자. 아이는 며칠 전부터 모터를 이용해서 움직이는 로봇을 만든다고 이야기를 했다. 그런데 부모는 그것을 잊고 엉뚱한 반응을 보였다. 아이는 부모와 나누었던 이야기를 기억하고 있는데 부모는 그렇지 않은 것 같고 관심도 없는 것 같아서 실망하게 된다.

아이에게 칭찬을 할 때 두루뭉술하게 하는 것 역시 바람직하지 않다.

"이야~ 로봇 팔의 움직임이 부드럽네. 진짜 같다."

"와~ 대단하다. 선생님의 도움 없이 이걸 혼자 만들었다는 거야?"

이렇게 구체적으로 칭찬을 해야 한다. 칭찬을 받은 아이는 자신이 만든 로봇 팔을 보면서 만들었던 과정을 되돌아보며 뿌듯해한다. 이때 아이는 뿌듯함과 함께 하고자 하는 의지와 자신감을 갖게 된다. 칭찬의 가장 큰 미덕이라고 할 수 있다.

그러나 만약 아이 생각에는 로봇 팔에 문제가 있는 것 같은데 부모가 팔을 잘 만들었다고 한다면, 아이는 칭찬의 진정성을 의심할 수밖에 없다. 부모는 항상 진심을 갖고 아이를 대해야 한다.

"그래서, 로봇 만들기에서 몇 등 했니?"

부모의 관심은 아이의 등수에 몰리기도 한다. 등수도 중요하지만 아이가 더 중요하게 생각하는 것은 자신이 로봇을 만들었다는 사실이다. 아이가 로봇 만들기에서 1등을 했어도, 1등을 했다는 것보다 아이가 로봇을 만든 과정과 노력을 칭찬해 주어야 한다. 만약 로봇이 아닌 1등에 초점을 맞춘다면 아이는 앞으로 만드는 과정보다 '1등 하기'에 골몰할 것이다. 그리고 다음에 1등이 되지 못했을 때 핑계를 대거나, 이것은 나의 실력이 아니라며 상황을 부정할 수도 있다. 어쩌면 1등을 하기 위해 부정한 일을 하게 될지도 모른다. 결과보다는 과정과 노력을 칭찬하자.

아이를 혼낼 때는 되도록 다른 사람이 없는 곳에서 해야 한다. 아이의 자존심이 상할 수 있기 때문이다.

한 번은 이런 일이 있었다. 태랑이와 친구가 운동장에서 달리기를 하면서 놀고 있었다. 동계올림픽에서 보았던 팀 추월 경기를 생각해낸 태랑이는 친구에게 경기를 제안했다. 경기가 끝날 때쯤 태랑이 친구가 넘어져서 손에 상처가 나고 말았다. 그것을 지켜보던 아이의 엄마는 머쓱했는지 아이들 앞에서 아내에게 이렇게 말을 건넸다.

"아이가 워낙 운동신경이 둔해서 잘 넘어져요."

아이의 엄마는 아이가 다친 것이 속상해서 그렇게 말했을 수도 있다. 그러나 아이가 듣고 있는데 그렇게 말하는 것은 분명히 잘못된 것이다. 다른 사람이 듣는 곳에서 아이를 적절히 칭찬하는 것은 좋지만, 아이의 흉을 본다거나 아이에게 상처가 되는 말을 하면 안 된다. '아, 나는 안 되는구나.' 하고 자신감을 잃을 수 있기 때문이다. 어릴 때 이런 말을 듣고 자라면 어른이 되어서도 자신감이 없고 다른 사람들 앞에 서는 것을 두려워하는 사람으로 자랄 위험이 있다.

또한, 아이를 혼낼 때에는 부모 스스로의 감정을 먼저 잘 살펴야 한다. 자칫 잘못하면 훈육이 아닌 화풀이가 될 수 있기 때문이다. 부모의 기분이 좋지 않거나 화가 나 있을 때 아이를 체벌하게 되면 평소와 다르게 감정이 섞여 더 호되게 혼내게 된다. 이렇게 체벌의 강도가 들쭉날쭉해지면 아이는 헛갈리기 시작한다. 이런 일이 반복되면 아이는 자신의 행동을 돌아보기보다는 부모의 기분과 상태를 눈치 보게 된다. 여러분의 아이를 정녕 눈치 보는 아이로 만들고 싶은가.

아침이 행복한 아이로 만들자

내가 하루 중 가장 중요하게 생각하는 시간은 아침이다. 아침이 행복하면 하루가 행복하다. 그러나 아이를 둔 대한민국의 평균적인 가정의 아침을 들여다보면 그렇게 평화롭게 보이지 않는다. 혹자는 아이를 학교에 보내는 아침을 '전쟁' 이라고 표현하기도 한다.

부모도 학창시절 경험이 있을 것이다. 그때나 지금이나 학교가 유쾌하기만 한 곳은 아니기에 학교에 가야 하는 아침만 되면 이유 없이 짜증이 날 때가 있다. 이런 때에 시간까지 촉박하면 아이들의 상태는 더욱 예민해진다. 부모 역시 마찬가지다. 아이를 보내고 빨리 출근해야 하는 상황이 즐거울 리 없다. 그래서 아이와 한판 붙게 되고 얼굴을 붉히며 집을 나설 때가 드물지 않다. 이렇게 아이를 학교에 보내면 부모의 마음은 하루 종일 무겁기만 하다. 아이 역시 마찬가지다. 공부가 제대로 될 리 없다.

어떻게 해야 행복한 아침이 될 수 있을까?

부끄러운 이야기지만 나는 아이가 유치원에 입학할 무렵까지 아침의 여유를 혼자 누렸다. 자유와 편안함을 누리는 반대편에는 희생과 고생이 있듯이, 밤늦게 퇴근한 아내가 아이 깨우기부터 밥 준비에 옷 챙기기, 준비물 챙기기까지 책임졌다. 나도 아내와 함께 퇴근했지만, 나는 오전 10시까지 푹 자고 아이 챙겨 보내기에 녹초가 된 아내에게 밥 달라며, 물 달라며 귀찮게 했다.

그러던 어느 날이었다. 다른 때보다 일찍 일어나게 되어 거실로 나와 소파에 앉아 아내와 아이의 오전을 물끄러미 바라볼 일이 있었다. 시간이 흐를수록 아내의 손이 바빠지는 것이 눈에 보였다. 시간은 부족하고 할 일은 많아지니 아이도 덩달아 정신이 없어 보였다. 별것 아닌 일임에도 두 사람은 서로에게 날카로운 반응을 보이기도 했다. 행복하고 즐겁게 등교할 아침에 서로 인상을 쓰고 감정까지 상하는 것을 보니 아무래도 이건 뭔가 아닌 것 같다는 생각이 들었다.

그래서 고심 끝에 중대 결심을 하게 되었다. 아내 대신 내가 아침밥을 준비하기로 한 것이다. 처음에는 힘들었다. 요리의 기본이라는 된장찌개는 된장 맛밖에 나지 않았고 김치찌개는 김치를 물에 풀어서 끓인 맛밖에 나지 않았다. 그래서 처음 며칠은 햄과 계란 프라이로 해결을 했다. 궁하면 통한다고 했던가. 그때부터 인터넷으로 요리를 검색하기 시작했고 요리책도 사기 시작했다. 일주일에 한 번 가는 도서관에서 책을 빌릴 때마다 꼭 요리책도 한 권씩 함께 빌렸다. 그렇게 3개월이 지나자 조금씩 효과가 나타나기 시작했다. 노력에 비해 내 요리에는 별다른 변화가 없었지만 아이의 아침에는 큰 변화가 일어났다. 유치원으로 향하는 아이의 발걸음이 무척 가벼워진 것이다. 내가 아침밥을 하기 시작한 이후로는 인사소리도 더욱 경쾌해졌다.

무엇보다도 아내가 즐거워졌다. 예전에는 아이를 깨우고 밥을 차리고 다시 깨우고 씻기고 챙겼지만 이제는 내가 밥을 차리는 시간에 아이와 함께 대화를 하기도 하고 책을 읽어주기도 한다. 요즘에는 내가 음식을 준비하는 동안 아내와 아이가 함께 신문 스포츠 면을 보면서 야구 이야기로 이야기꽃을 피운다. 그런 모습을 볼 수 있는 것은 큰 행복이다.

아침 일찍 출근해야 하는데 밥할 시간이 어디 있느냐고, 그렇게 하고야 싶지만 바빠서 그럴 시간이 없다고 불평할 아빠들이 있을 수도 있다. 그러나 이건 마음의 문제다. 30분만 일찍 일어나면 충분히 준비하고도 남는다. 그리고 꼭 밥을 준비할 이유는 없다. 다른 방식으로 행복한 가정의 아침을 만들 수 있다. 출근 준비를 일찍 마치고 아이에게 책을 읽어줄 수도 있고 잠자고 있는 아이 옆에서 아이가 좋아하는 신문기사를 읽어주는 것도 좋다.

이것은 중고등학생인 자녀에게도 똑같이 유효하다. 머리가 굵어져서 아빠를 멀리하려고 한다면 그건 아빠의 잘못이 크다. 아이가 어렸을 때부터 아이와 함께했다면 아이가 아빠를 거부할 이유가 없기 때문이다. 중요한 것은 아이가 고등학교마저 졸업하면 더 이상 아빠의 아침 노력이 필요 없어진다는 점이다. 그때가 되면 땅을 치며 후회해도 어쩔 수 없게 된다.

아이의 아침이 행복하면 아이의 하루가 행복해진다. 행복한 하루하루가 모여 1년이 되고 일생이 된다. 아빠의 아침에 따라 아이의 삶이 행복해질 수 있다. 인생이 행복한 아이로 키우고 싶지 않은가? 아빠들이여, 일어나라!

아빠는 아이의 축복이다

퇴근해서 집에 돌아왔는데 아이와 엄마 사이에 냉기류가 흐르는 경우가 있다. 좀처럼 화를 내지 않는 아이 엄마가 화를 낼 정도면 분명히 아이가 잘못했을 것이다. 하지만 아이는 문제가 발생한 이유나 과정은 덮어두고 현재 본인의 감정 상태에만 몰입하는 경향이 있다. 그래서 엄마가 화내는 것을 이해하지 못할 수도 있다. 이럴 때 아이와 엄마는 서로 서먹해진다. 누구 한 명이 먼저 손을 내밀어야 관계가 회복되는데, 엄마는 엄마대로 교육방식이 있기 때문에 쉽게 숙이고 들어가지 못하고, 아이는 화해의 방법이 미숙하거나 고집 때문에 먼저 사과하지 못한다. 이런 진퇴양난의 순간이 바로 아빠가 활약해야 할 시기다.

"아니, 분위기가 왜이래? 무슨 일이야? 태랑이가 엄마한테 혼났구나. 여보, 뭘 얼마나 잘못했다고 애를 혼내고 그래? 태랑아, 이리 와봐."

이렇게 일부러 아내에게 한마디를 하고 아이의 방으로 아이를 데리고 들어간다. 그리고 아이에게 자초지종을 듣는다. 항상 사건은 다원적이기 때문에 엄마 말이 매번 옳을 수는 없다. 그리고 열에 하나는 엄마가 오해한 경우도 있다. 그러나 무엇보다도 아이는 아이일 수밖에 없다. 일단 아이의 편을 들어주고 이야기를 들어주는 것이 중요하다. 그리고 아이가 평상심을 찾은 후, 상황과 잘잘못을 논리적으로 이야기하면 아이는 화가 났을 때보다 훨씬 쉽게 수긍한다.

아이는 엄마와 감정이 상했기 때문에 엄마에게는 진실을 말하기 힘들다. 이때 아빠가 아이의 말을 들어준 후, 아이가 잘못했다면 들려서 이야기하면 되고 엄마의 잘못이라면 아이를 달래주고 아내에게 자초지종을 이야기하면 된다. 또는 누구의 잘못도 아니라면 아빠 특유의 유머와 재치로 상황을 종료하면 좋은 가족관계가 유지될 수 있다.

아이의 성장에 있어서도 아빠의 역할은 참 중요하다. 캐나다 몬트리올대학교의 다니엘 패퀘트 교수팀은 12~18개월의 어린이를 대상으로 다음과 같은 실험을 했다. 낯선 어른이 아이에게 접근하는 상황과 장난감을 계단 맨 위와 같은 위험한 장소에 놓아둔 상황을 연출하고 부모를 아이 근처에 있게 했다. 아이의 반응 결과를 보면, 아이는 엄마가 곁에 있을 때보다 아빠가 곁에 있을 때 더 활동적으로 움직였다. 패쿼트 교수는 그 이유를, 곁에서 지켜보면서 아이의 행동을 제어하는 감시성향이 엄마보다 아빠가 훨씬 덜하기 때문으로 분석했다.

패쿼트 교수는 "아이를 기를 때 엄마와 아빠는 아이에게 서로 다른 역할을 할 수 있고 그럴수록 아이가 얻는 것은 크다."라면서 "아빠가 아이의 모험심을 자극해주면 아이는 위험을 극복하고 경쟁을 두려워하지 않게 된다."라고 말했다. 역시 아이에게 아빠는 축복이다.

재능은 정말 물려받는 것일까?

가곡의 왕으로 추앙받고 있는 슈베르트는 음악가의 길을 포기하고 교편을 잡은 적이 있었다. 슈베르트의 아버지는 음악을 사랑하는 사람이었지만 교육에 대한 열정이 더 컸나 보다. 큰 학교를 세운 슈베르트의 아버지는 슈베르트가 음악가로서의 삶보다 교원으로서의 삶을 살아가기를 원했다. 슈베르트는 아버지의 뜻에 따라 교원이 되었지만, 음악에 대한 열정을 떨치지 못하고 다시 음악가의 길을 걷게 된다.

슈베르트는 어릴 때부터 음악에 두각을 나타냈고, 여덟 살부터 바이올린, 피아노, 성악, 오르간을 배웠다고 한다. 그리고 뛰어난 재능을 뽐내기 시작했다고 한다. 많은 사람이 말한다. 슈베르트는 아버지의 재능을 물려받았다고.

과연 슈베르트는 태어날 때부터 천재였을까? 사람들의 말처럼 정말 아버지의 재능을 이어받은 것일까?

물론 태어나면서부터 뛰어난 능력을 보이는 사람도 있기는 하지만 슈베르트의 환경을 세심하게 살펴보면 슈베르트의 재능은 타고난 것이 아님을 알 수 있다. 슈베르트의 어린 시절을 보자. 슈베르트의 아버지는 매우 뛰어난 연주가였다고 한다. 그리고 음악을 좋아하는 가정답게 가족들은 종종 모여서 연주회를 열었다고 한다. 여기서 주목해야 할 것은 슈베르트의 아버지 역시 음악을 무척 좋아했다는 것과 가정에는 항상 음악이 있었다는 점이다.

아버지의 주도로 가족들이 함께 음악회 관람도 하고, 직접 연주회를 열 정도였다면 가정 분위기는 어땠을까? 아이는 나이가 어려도 분위기를 감지하는 능력이 있다. 부모의 기분이 좋다면 아이도 기분이 좋아진다. 부모가 좋아하는 그것을 따라 하고 싶어 한다. 부모가 싸우면 아이 역시 기운이 빠진다. 음악을 사랑한 슈베르트의 아버지는 음악을 듣거나 연주할 때 행복했을 것이다. 그때의 기분을 슈베르트 역시 본능적으로 놓치지 않았을 것이다.

운동선수 역시 마찬가지다. 우리나라에는 아버지나 어머니의 대를 이어서 같은 운동을 하는 사람들이 꽤 있다. 차범근과 차두리 부자를 보자. 차두리 선수는 태어났을 때부터 줄곧 아버지가 축구하는 모습을 보아왔을 것이고 축구선수였던 아버지가 자랑스러웠을 것이다. 차두리 선수는 어릴 적부터 아버지와 함께 축구를 자주 했다고 한다. 아버지와 아들의 즐거운 축구 시간은 무엇과도 바꾸지 않을 행복한 시간이었을 것이다. 차두리 역시 축구가 세상에서 가장 즐거웠을 것이다.

슈베르트와 차두리 선수는 물려받은 재능을 발휘해서 성공했다기보다 자신이 가장 즐거워하는 그것이 재능으로 발전한 것이라 할 수 있다. 재능을 물려받았다는 말은 잘못된 표현이다. 아이는 가정의 환경에 적응하고 즐겼을 뿐이다.

과연 가정의 환경을 만든 주체는 누구였을까? 누구의 노력이었을까?

아이를 심심하게 만들어라

학생들과의 수업 시간엔 재미있는 얘기들이 오간다. 학교생활부터 집안일까지 때로는 과장해서 말하기도 하지만 모두 아이들만의 순수함이 느껴지는 이야기들이다. 한 번은 화장실 이야기가 나왔는데 영민이란 아이가 이렇게 말했다.

"선생님, 저는 이상하게도 화장실만 들어가면 책이 읽고 싶어져요."

평소에 책을 잘 읽지 않는 영민이가 화장실에서는 참지 못할 정도로 책을 읽고 싶다는 것이다. 사실 꽤 많은 사람이 화장실에서의 심심함을 참지 못한다. 만화책이나 신문이라도 갖고 들어가야 편안함을 느낀다. 나도 마찬가지다. 실수로 책을 갖고 들어가지 않은 때는 왜 그렇게 읽고 싶은 것이 많은지 모르겠다. 활자 중독증에 걸린 것처럼 두리번거리며 읽을거리를 찾는다. 그러다 보면 어느새 눈에 들어온 샴푸와 린스의 사용설명, 제품의 특징과 성분을 줄줄 읽고 있다. 별것 아닌 내용인데 그렇게 재밌을 수 없다.

화장실이 아닌 거실이나 아이의 방을 한번 생각해 보자.

거실에는 눈과 귀를 자극하는 TV가 켜있고 누울 수 있는 소파 옆에는 게임기도 있다. 아이의 방에 있는 컴퓨터에서는 친구와 쪽지를 주고받을 수 있는 메신저 프로그램이 실행 중이다. 과연 이런 환경에서 아이가 책을 읽고 싶을까? 화장실에서 그렇게 읽고 싶었던 책인데 왜 밖에서는 눈길조차 가지 않는 걸까?

보통 미운 네 살이라고 하는 네 살이 되면 아이의 활동량이 많아진다. 그나마 어릴 때는 아이를 재워놓고 자신의 볼일을 볼 수 있었는데, 시간이 지나면서 아이는 잠도 줄어들고 투정도 심해지고 관심을 가져달라고 적극적인 신호를 보내와서 부모는 개인적인 시간을 가지기 어렵다. 이럴 때 잠시라도 시간을 벌기 위해 선택하게 되는 것이 텔레비전, 또는 DVD 시청이다. 교육적인 방송을 켜놓는다고 해도 TV 자체에서 청각과 시각이 계속 자극을 받기 때문에, 방송보다 덜 자극적이거나 덜 재미있는 것에는 눈이 가지 않는다. 아이가 다른 것에 호기심을 갖기 어렵다는 말이다. 아주 잠시 부모는 편할 수 있겠지만, 아이가 조금 더 자라면 책처럼 실질적인 도움이 될 만한 것에 집중하기 어려워진다.

그렇다면 어떻게 책을 좋아하게 만들 수 있을까?

앞의 영민이의 이야기가 힌트가 될 수 있다. 화장실에만 가면 책이 읽고 싶어진다면 집안을 화장실과 같은 환경으로 만들면 어떨까? TV도 없고 개인통신기기도 통제가 된다면 어떨까? 인터넷이 꼭 필요하다면 거실로 컴퓨터를 옮기고, TV를 반드시 봐야 한다면 부부침실로 옮기거나 TV 시청 시간을 철저하게 관리하는 것이다.

요즘은 거실에 TV를 없애고 한쪽 벽을 책장으로 꾸미는 집이 많이 늘어나고 있다. 아이가 공부할 때 부모는 책장 앞 독서 의자에서 책을 보면서 아이가 집중할 수 있는 환경을 만들어 주기도 한다.

생각해보자. 아이가 학교에서 돌아왔을 때 집에 TV도 없고 인터넷도 정해진 시간에만 사용할 수 있으며 책상에 앉아 공부할 때 아이를 유혹할 만한 것이 있는 경우와 없는 경우, 어떤 쪽이 아이가 책 읽기와 공부에 몰입할 수 있을까?

질투보다 승리욕이 강한 아이로 키우자

아이들은 누구나 1등이 되길 원한다. 전혀 공부를 하지 않는 아이라도 소망은 항상 1등이다. 하지만 1등이 되길 원하는 생각의 방식은 각각 다르다. 성실하게 공부하는 아이는 자신이 열심히 해서 1등이 되겠다는 생각을 하는데, 요령을 피우거나 인성이 덜 발달한 아이는 경쟁 상대들이 시험을 망치길 기원한다.

날이 갈수록 경쟁이 치열해지는 현대 사회에서 어느 정도의 요령도 필요하지만, 경쟁상대가 좋지 않게 되길 바라는 것은 도덕적으로도 문제가 있고 자신의 발전에도 좋은 영향을 줄 수가 없다. 만약 아이의 바람대로 상위권 아이들이 시험을 망쳤다고 해도 아이의 절대성적과 실력이 오르는 것은 아니다. 그리고 절대성적이 오르지 않는 이상 반짝 올랐던 성적은 다시 추락하게 된다.

질투가 심한 아이는 자신보다 잘하는 아이들을 인정하지 못한다. 누군가 잘하는 아이를 칭찬한다면 그 아이를 인정하기보다 깎아내리기에 바쁘다. 다른 사람을 인정하지 못한다는 것은 자신 역시 발전할 기회를 잃음을 의미한다. 인정할 것은 인정해야 자신의 부족한 부분을 경쟁상대를 통해서 채울 수 있고 그런 깨달음의 과정이 있어야 자신도 발전한다.

질투심을 떨쳐내지 못하고 성장을 하면 사회에 나가서도 결국 비호감이라는 굴레를 쓰고 직장에서도 소외될 수밖에 없다. 현대의 직장생활에서 혼자 잘해서 성공하는 경우는 드물다. 모든 프로젝트가 공동작업과 상호 협조 속에서 진행되어야 하기 때문이다.

내가 가르쳤던 학생들을 떠올려보면 질투심이 강한 아이들은 대부분 어느 정도 성적을 유지했다. 못해도 반에서 7~8등은 유지했다. 질투가 있다는 것은 상대보다 내가 더 잘하겠다는 최소한의 의지가 있다는 것을 의미하기 때문이다. 그러나 질투의 한계는 분명히 존재한다. 질투로 인해서 공부를 열심히 해야겠다는 생각도 들지만 그보다 상대가 잘못되기를 바라는 마음이 더 크기 때문이다.

반면에 승리욕이 강한 아이들은 한계가 없다. 이유는 분명하다. 질투는 상대를 대상으로 하지만 승리욕은 결국 자신을 향한다. 학교에서 시험을 보면 반 친구들과 학교 친구들이 경쟁상대가 되겠지만 제대로 된 승리욕이 있는 아이들은 자신과의 싸움을 한다.

공부를 잘하는 아이 중에서도 '다른 아이들은 이 정도도 못하는데…' 라는 생각으로 만족하는 아이가 있는 반면, 승리욕이 있는 아이들, 특히 자신을 경쟁상대로 삼은 아이들은 '이 정도에 만족할 수 없어.' 라며 자신이 만족할 때까지 계속해서 공부에 파고든다. 자신이 완벽하게 이해할 때까지 공부를 하는 것이다. 최고의 경쟁 상대는 자신일 수밖에 없다.

아이의 질문을 절대 놓치지 마라

몇 년 전에 있던 일이다.

친구의 결혼식에 참석하려고 예식장 엘리베이터를 탔다. 엘리베이터 안에는 한 가족이 타고 있었는데 초등학생으로 보이는 아이의 눈이 초롱초롱 빛나고 있었다. 모든 것이 신기한 눈치였다. 아이는 아빠에게 엘리베이터의 원리에 대해서 물어보았다. 그러나 아이의 아빠는 뭔가 신경 쓰이는 일이 있던 모양인지 아이에게 시끄럽다며 구박을 했다. 도저히 이해할 수 없는 광경이었다. 아이에게 그렇게 대한다는 것도 이해할 수 없지만, 저절로 굴러들어 온 황금 같은 찬스를 놓친 것은 더 이해하기 힘들었다.

아이가 질문을 하는 것은 진심으로 그것이 궁금하기 때문이다. 위의 엘리베이터에서의 질문은 엄청난 찬스다. 엘리베이터의 원리를 물어보았다면 자신이 알고 있는 범우에서 답을 해주면 아이는 지식을 쌓을 수 있고 새로운 것에 관심 가질 확률이 더 높아진다. 만약 어려운 질문이라 대답을 하기 곤란하면 아이에게 솔직하게 말한 뒤에 제대로 파악한 후 알려주면 된다. 아이들은 자신이 질문했던 내용이라 평소와는 다르게 더 집중하게 된다.

사실 위와 같이 어떤 특별한 상황에서가 아니더라도 대한민국의 아빠들은 엄마와는 달리 아이의 질문을 쉽게 놓치는 경향이 있다. 교육방송의 한 프로그램에서 다음과 같은 실험을 한 적이 있다. 아이들 질문에 대한 엄마와 아빠의 반응을 확인하는 실험이었는데, 엄마와 아빠에게 어떠한 과제를 내주고 부모가 그것에 몰입하고 있을 때 아이들이 질문을 해보는 실험이었다. 실험 결과, 대체로 엄마들은 하고 있는 일이 있어도 아이의 질문에 반응을 했지만, 아빠들은 아이가 질문했다는 사실조차도 잘 기억하지 못했다. 나도 저럴 수 있을 거라는 생각에 그 후로는 아이의 질문에 집중하려고 애쓰는 편이다.

우리 아이는 호기심이 많아서 질문도 많다. 아이와 함께 차를 타면 아이의 질문이 기다려지는데, 아이가 질문을 하지 않으면 질문을 유도하도록 노력한다. 특히 아이가 6~7살 무렵에는 방향과 높이, 길이, 넓이, 무게 등을 집중적으로 유도했다

밑도 끝도 없는 질문을 잘하는 태랑이는 가끔 독특한 질문을 한다.

"아빠, 저 전봇대는 몇 미터가 될 것 같아요?"

아이는 무심코 질문을 던졌을지 모르겠지만 나에게는 황금의 찬스다.

"아, 저 콘크리트로 만든 전봇대 말이니? 글쎄 내 키와 비교했을 때 10배가 조금 안 될 것 같으니까 한 15미터쯤 되지 않을까?"

"아, 그렇구나."

이렇게 아이가 질문에 대한 호기심을 충족하고 멈추려 할 때 다시 질문을 잇는다.

"그런데 왜 전깃줄은 저렇게 축 늘어져 있는 줄 아니?"

아이가 관심이 없으면 다른 것과 연관 지어 이야기를 한다.

"태랑아, 한라산 높이가 1,950미터니까 15미터 전봇대를 몇 개나 붙여야 한라산 높이보다 높아질까?"

아이가 질문을 하면 아이의 호기심이 계속 생길 수 있도록 문어발식 확장형 대답과 질문을 계속 이어가야 한다. 가치판단을 내리는 것을 빼고는 아이와 배경지식을 공유하도록 해야 한다.

아이와 묻고 대답하는 사이 아이 배경지식이 높아질 뿐 아니라 아빠와의 관계 또한 두터워지니 일석이조가 아니겠는가.

아이의 컴퓨터를 통제하라

한 남매가 있었다. 이 아이들은 부모님께 온라인 강의를 들어야 한다며 노트북을 한 대 더 사달라고 졸랐다. 자세히는 몰라도 인터넷 강의란 것에 대해 들어본 적이 있는 부모는 아이들에게 한 대씩 노트북을 마련해 주었다. 아이들의 부모는 어떤 방식으로 인터넷 강의를 듣고 어떻게 회원가입을 하는 것인지 조차 몰랐다. 그냥 아이들에게 도움이 될 거라는 생각에 사준 것이다. 과연 아이들은 그 노트북으로 강의를 열심히 들었을까? 사실 부모가 직접 컴퓨터게임을 해보았거나 미니홈피나 블로그를 관리해보았다면, 인터넷으로 수업을 듣는 것이 결코 쉽지 않다는 것을 알았을 것이다. 하다못해 메신저 프로그램을 이용해보았다면 컴퓨터를 놀이로 인식하고 있는 아이들에게 인터넷 수업은 호락호락한 공부방법이 아니라는 것을 알 수 있었을 것이다. 부모는 반드시 아이들의 컴퓨터를 통제하고 있어야 한다. 특히 아빠가 아이들의 컴퓨터를 지배하고 이해하는 것이 아이들 지도에 유리하다. 아이가 무엇을 하는지 어떤 재미가 있는지 파악해야 한다. 컴퓨터는 지금은 생활필수품이 되었다. 아이에게 사줘야 한다면 이후 관리하고 통제하여 좋은 효과를 볼 수 있도록 부모도 함께 노력해야 한다.

한 번은 수업 중에 한 학생이 내게 질문을 했다.

"선생님 만약에 선생님 아들이 게임을 하고 있는데 밥 먹을 시간이 되어도 계속 게임만 한다면 어떻게 하실 거예요?"

"어떡하긴, 무슨 게임을 하고 있나 봐야지. 그래서 금방 끝날 상황이면 기다려주고 시간이 오래 걸릴 것 같으면 밥 먹고 하라고 해야지."

1분 정도면 게임이 끝나는데, 학생의 부모님은 잠깐을 못 기다리시고 야단을 친다고 한다. 그리고 코드를 뽑아버리기도 한단다. 물론 부모의 입장에서 본다면 화가 날 수도 있는 상황이지만 게임을 하는 입장에서는 마지막 1분은 정말 중요한 시간이다. 1분만 기다리면 아이템을 얻을 수도 있고, 미션이 종료되어 포인트를 쌓을 수도 있다. 운이 좋으면 렙업(레벨업)이 될 수 있다. 이런 상황에서 부모가 컴퓨터의 코드를 뽑아 버리면 아이는 상황판단을 하기 전에

화가 나서 자기를 제어하지 못할 수도 있다. 게임이 끝나기 직전에 전원을 꺼버리는 것은 오랜 시간 이어온 바둑이나 장기 대국의 막판 승부를 남겨놓고 판을 엎는 것에 비유할 수 있다. 그만큼 아이는 화가 날 수 있는 상황이다.

아이가 허락된 시간 안에서 게임을 하고 있다면 아이에게 끝날 시간을 물어보고 짧은 시간이라면 잠깐 기다리기를 권한다. 컴퓨터는 통제 대상이지만 이 또한 적절한 방법과 이해가 동반되어야 한다.

아이의 핸드폰을 이해하라

몇 년 전에 있던 일이다.

웅빈이와 상담을 하고 있는데 어디선가 핸드폰 버튼 누르는 소리가 났다. 나와 웅빈이 외에는 근처에 아무도 없었고, 웅빈이는 열중쉬어 자세로 집중해서 나의 얘기를 듣고 있었다. 그러나 쉬지 않고 들리는 버튼음. 결국, 웅빈이에게 손을 앞으로 내밀라고 하자 웅빈이는 멋쩍은 듯 웃으며 핸드폰을 든 손을 보였다. 웅빈이는 내게 설명을 듣는 내내 문자를 보내고 있었던 것이다. 상담 시간에 문자를 보내다니 정말 어이없는 상황이었다. 웅빈이의 핸드폰을 집에 갈 때까지 압수했지만, 화가 나기보다 눈빛 하나 변하지 않고, 뒷짐 지고 문자를 보내는 놀라운 기술에 웃음이 터지고 말았다.

어른에게 핸드폰은 바깥일을 보는 데 필요한 업무 도구, 쉽고 편리한 연락 수단 등 생활용품으로서의 성격이 강하지만 아이들의 핸드폰은 다르다. 아이들에게 핸드폰은 다른 친구들과의 유대관계의 고리이며, 장난감이며, 소중한 친구다. 핸드폰을 압수한다는 것은 친구와의 고리가 끊어지는 것이며 장난감을 뺏기고, 친구를 뺏기는 것과 같다.

특히 남학생들보다 여학생들에게 핸드폰은 더 각별한 의미가 있다. 남학생에게는 놀이와 소통이 핸드폰의 주요한 역할이지만, 여학생에게는 놀이, 소통, 소중한 친구, 매니저, 일기, 비밀수첩 등의 다양한 역할을 한다. 따라서 남학생들보다 핸드폰의 중독현상이 심하기 때문에 각별한 관리가 필요하다.

아이들은 핸드폰 사용이 금지당하면 불안하고 초조한 증세를 보인다. 한 번은 학원 수업 시간에 한 여학생이 핸드폰을 들고 만지작거리고 있었다.

나 : 미림아, 핸드폰 좀 집어넣어 줄래?

미림: 선생님, 이거 꺼진 거예요.

나 : 그래도 수업에 방해가 되니 보이지 않게 해줄래?

미림: 진짜 꺼진 거예요. 보실래요?

아이들은 일단 핸드폰이 시야에 들어오게 되면 다른 생각이 들기 때문에 학원 수업 시간에는 핸드폰이 보이지 않도록 유도하고 있다. 평소에 미림이는 핸드폰에 강한 집착이 있던 아이다. 그래서인지 내가 제지하자 일부러 핸드폰을 자신의 가방에 큰 소리가 들리도록 집어넣는 것이었다. 평소에 조용하던 아이가 갑자기 돌변해서 충동적인 행동을 한 것이다. 누가 보아도 예의에 어긋나고 자신의 기분 나쁨을 드러내 보이는 행동이었기 때문에 반 운영을 위해서 그냥 지나칠 수 없었다. 한 번 허용하게 되면 계속 일어날 수 있기 때문이다. 따로 불러서 조용히 얘기를 해야만 했다.

핸드폰은 공부와 상극이다. 다른 친구에게 문자메시지가 오면 아이는 답장을 보낼 수밖에 없다. 답장을 하지 않으면 상대가 오해할 수도 있고 친구와의 고리가 끊어지는 것이기 때문에 답장을 꼭 해야 한다. 답장을 하면 다시 메시지가 또 날아온다. 설사 그것이 공부와 관련된 내용이라고 해도 공부에 방해가 된다.

학원에서 시험 준비를 할 때는 핸드폰을 반드시 걷는다. 핸드폰을 걷게 되면 가끔 핑계를 대는 아이들이 있다. 부모에게 연락이 온다며 핸드폰을 자신이 갖고 있어야 한다고 할 때는, 부모에게 먼저 전화해서 사정을 이야기하라고 하면 어렵지 않게 문제는 해결된다. 인터넷게임처럼 핸드폰은 아이들에게 엄청난 유혹이기에 공부할 때는 핸드폰 사용을 최대한 자제하게 해야 한다.

집에서는 어떻게 아이들의 핸드폰 사용을 관리해야 할까?

앞에서도 보았듯이 핸드폰 규제는 매우 민감한 문제가 될 수 있다. 실제로 아이들에게 매우 중요한 문제인데, 부모들은 핸드폰 사용을 컴퓨터보다 대수롭지 않게 생각하는 경향이 있다. 그러나 분명한 것은 여학생에게는 핸드폰의 중요성이 컴퓨터를 넘어선 지 오래되었고, 남학생들도 핸드폰에 대한 집착이 점점 증가하고 있다는 점이다. 더 많은 관심과 적극적인 규제가 필요한 시기다.

학교도 아이들의 핸드폰 사용과 그에 따른 규제 때문에 골머리를 앓고 있다. 무턱대고 아이들의 핸드폰을 금지할 수도 없고, 허용할 수도 없기 때문이다. 그러나 학교에서 규제책이 나왔다면 부모도 적극적으로 따라야 한다. 중고등학교에서 핸드폰을 사용하다 걸리게 되면 간단한 주의부터 압수까지 다양하게 규제를 당하게 되는데, 심한 경우는 한 학기 동안 압수를 당하기도 한다.

만약 핸드폰을 일주일 동안 압수를 당했다면, 아이는 어떠한 수를 써서라도 돌려받으려고 노력한다. 선생님께 애교를 떨거나 하소연까지 해서 다시 핸드폰을 돌려받으려고 애쓴다. 그래도 받지 못할 경우는 부모에게 호소하는 경우가 있다. 아이와 연락이 되어야 안심을 할 수 있는 시대이기에 부모는 선생님께 핸드폰을 돌려달라고 전화로 양해를 구한다. 이렇게 부탁을 받은 선생님은 대부분 핸드폰을 돌려주신다. 그러나 학교의 규칙까지 어겨가며 돌려받으면 아이의 고민 하나가 해결되어서 좋겠지만, 문제는 더 커질 수 있다. 부모가 아이의 핸드폰 사용에 대해 쉽게 생각하면 더이상 아이를 규제할 명분이 사라지게 된다. 만약 선생님께 핸드폰을 뺏겼다면 아이의 잘못된 행동에 책임을 질 수 있도록 유도해야 하고, 핸드폰 없이 생활해보는 좋은 기회로 삼아야 한다. 핸드폰이 없어도 급한 일이 있다면, 선생님이나 친구를 통해서 충분히 연락할 수 있다.

집에서 공부할 때도 핸드폰 관리는 철저하게 해야 한다. 집에서 공부할 때는 핸드폰을 부모가 보관하도록 하거나, 그것이 현실적으로 힘들다면 핸드폰을 끄고 공부할 수 있도록 유도해야 한다. MP3 음악을 들어야 해서 핸드폰을 갖고 있어야 한다면 MP3 플레이어를 구입해 준 후, 핸드폰 사용과 MP3 사용을 확실하게 구분해 주는 것이 좋다. 그리고 핸드폰 정액 요금제를 신청해서 아이의 한 달 핸드폰 사용을 확실하게 규제하고 제한해야 한다. 물론 가장 좋은 것은 아이 스스로 핸드폰 사용을 자제하는 것이겠지만, 그러기는 쉽지 않다. 핸드폰 중독의 수준까지 가면 스스로 통제하기란 불가능하다.

요즘 아이들은 초등학교에 입학하면 핸드폰을 사달라고 조르기 시작한다. 어릴 때는 부모의 핸드폰을 갖고 노는 것으로 만족했지만 입학을 하면 상황이 달라진다. 아이와의 연락이나 위치추적 등의 이유 때문에 초등학교 1학년만 되어도 적지 않은 아이들이 핸드폰을 갖고 다니게 된다. 그 아이들이 본래의 기능에만 충실하면 문제가 없겠지만 다른 아이들 앞에서 핸드폰을 자랑하고, 문자를 보내고, 게임을 하기 때문에 핸드폰이 없는 아이들은 무척 부러워하게 된다. 특히 연예인을 좋아하는 여자아이들의 경우는 아이돌 가수의 사진과 뮤직비디오 등을 핸드폰에 저장하고 다니기 때문에 핸드폰에 대한 소유욕은 부모의 상상을 뛰어넘는다.

그렇다면 아이들에게 핸드폰을 언제쯤 사주는 것이 좋을까?

맞벌이가 아니고, 학교나 학원이 멀어 아이를 태우고 다니는 부모가 아니라면 최대한 구입 시기를 늦추는 것이 좋다. 핸드폰의 긍정적이 부분과 부정적인 부분이 있겠지만 아이에게는 부정적인 면이 더 크다. 다른 것을 모두 떠나 중독이 된다는 것이 가장 큰 문제다. 부모가 아무리 설득을 해도 핸드폰에 대한 아이의 요구는 점점 집요하게 파고들어 온다. 아이들이 요구하기 전에 부모가 먼저 나서서 아이와 친한 친구들의 부모들과 핸드폰 카르텔을 맺기를 권한다. 핸드폰 카르텔이란 아이들에게 핸드폰을 사주지 않기로 약속하는 부모들의 긴밀한 유대를 말한다. 카르텔 모임을 통해 부모들이 적절한 구입 시기를 함께 논의해야 한다. 왜냐하면 핸드폰은 소통의 개념이 강하기 때문에 친한 친구들이 모두 핸드폰을 소유하고 있지 않으면 필요성을 덜 느끼기 때문이다. 핸드폰 카르텔은 인터넷게임, 온라인메신저 등의 중독 문제까지 함께 지도할 수 있기 때문에 매우 유용하다. 주의할 점은 카르텔을 맺은 자녀 중에 한 명이라도 핸드폰을 사게 되면 모든 약속은 물거품이 될 수 있다는 것이다. 만약 핸드폰을 어쩔 수 없이 사주게 되었다면 기능제한을 통해서 아이의 핸드폰 사용을 적절하게 규제해야 한다.

앞으로 휴대기기가 컴퓨터의 기능과 전화 등의 기능을 통합할 것이 확실하기 때문에 휴대기기 발전에 따라 아이의 의존현상도 더욱 심화될 것으로 예상한다. 그러므로 부모도 핸드폰을 전화통화 용도로만 사용하지 말고 다양한 기능을 익히고 사용해야 한다. 그래야 아이에게 올바른 휴대기기 사용에 대해 가르칠 수 있고 적절한 규제도 할 수 있다. 그리고 발상을 전환해서 핸드폰을 전화통화와 문자 메시지만이 아니라 아이와 소통할 수 있는 매개체로 사용하길 적극적으로 권한다.

담임선생님은 복불복일까?

새학기 시작을 앞둔 초등학생 어머니들의 가장 큰 걱정은 바로 '담임선생님' 이다. 어떤 선생님이 우리 아이와 함께 1년을 생활하게 될 것인지가 어머니들에겐 매우 중요하다. 그럴 만도 한 것이 예체능, 과학, 영어 과목에 선생님이 따로 있지만, 실제로 아이 학교생활의 절반 이상을 담임선생님이 맡고 있기 때문이다.

'히스테리가 있는 선생님을 만나면 어쩌지?'

'촌지가 사라졌다는데 혹시 요구하는 선생님을 만나면 어쩌지?'

'사생활에서 받은 스트레스를 아이들에게 푸는 선생님도 있다는데…'

'혹시라도 아이를 심하게 때리면 어쩌지?'

어머니들의 걱정은 끝이 없다.

1980년대만 해도 남자 선생님은 권위와 무서움의 상징이었다. 지금 부모 세대 분들은 남자 선생님의 기억이 썩 유쾌하지만은 않을 것이다. 시대가 많이 변했나 보다. 요즘은 남자 선생님이 인기가 있다고 한다. 남자 선생님은 여자 선생님보다 학부모를 대하는 노하우나 의사소통 능력은 떨어지지만, 아이들과 편하게 유대관계를 형성하고 여선생님이 같이 하기 힘든 운동을 해줄 수 있는 장점이 있다는 게 어머니들의 생각이다. 사실 예전과 달리 남자 선생님이 인기가 있다는 말이 나올 만도 한 것이, 중고등학교는 남자학교이냐 여자학교이냐에 따라 차이가 있지만, 초등학교의 남녀 선생님의 비율을 보면 우려스러울 정도로 여선생님의 비율이 높다. 아직 인성 형성이 진행 중인 초등학생들에게는 선생님의 작은 버릇, 행동 하나도 큰 영향을 미친다. 외모적인 부분에서 연예인의 영향을 받듯이, 사고와 행동에서는 선생님의 영향을 많이 받는다. 그런 이유에서인지 아들을 둔 어머니들은 아이가 학교에서 남성성보다 여성성을 은연중에 강요받을 위험이 있다고 생각하기도 한다.

물론 단순히 성으로 구분해서 이야기할 것은 아니라고 생각한다. 다만 다양성 차원에서 생각해보면 어느 정도 선생님의 성 비율은 맞춰져야 하는 게 아닌가 하는 생각이 든다. 어떤 갈등이 생겼을 때, 조곤조곤 이성적으로 타이르는 선생님도 있고, 심하게 호통 먼저

치는 선생님도 있고, 공동체의 관계를 운동이나 반 활동을 통해서 해결하시는 선생님도 있다. 학생들은 이렇게 다양한 선생님을 만나면서 선생님들이 가진 여러 장점을 배울 권리가 있다.

나에게도 큰 영향을 주었던 선생님이 있다. 초등학교에 입학할 때 나는 또래에 비해 덩치도 작고 목소리도 작았다. 게다가 성격도 소심해서 이런 나를 학교에 보내시고 부모님께서는 걱정을 많이 하셨다고 한다. 내가 자란 곳은 유치원도 없던 시골이라, 나와 친구들은 학교에 입학하면서 처음으로 선생님이라는 분을 만나게 되었다. 두근거림 속에 만난 첫 선생님, 우리의 첫 담임선생님 역시 학교를 갓 졸업하고 처음 부임하신 여선생님이셨다.

선생님은 항상 우리들의 이야기를 들어주시고 실수를 해도 혼내시기보다는 긍정적으로 말씀해 주시면서 우리를 존중해주셨다. 그래서 소심한 나도, 학교생활에 조금씩 적응해 나갈 수 있었다.

한 번은 이런 일이 있었다. 체육 시간에 다른 반과 축구시합을 했는데 무승부가 되었다. 그래서 승부차기로 승패를 짓기로 했는데, 승부차기라는 방식을 잘 알지 못했던 나의 눈에는 상황이 너무 불합리해 보였다. 상대편 아이가 공을 차고 우리 골키퍼가 혼자 공을 막아야 하는 상황인데도 우리 반 친구들은 구경만 할 뿐 골키퍼를

도와주지 않는 것이었다. 비겁한 녀석들! 홀로 용감했던 나는 상대편이 공을 차는 순간 골키퍼 앞에 나가서 공을 막아 버렸다. '모두 나를 칭찬하겠지?' 하며 내심 뿌듯해하고 있는데 운동장은 고요했다. 공을 찬 아이도 어리둥절한 표정이었고 막을 준비를 하던 아이 역시 나를 이상한 눈으로 쳐다보았다. 그때 그 미묘한 적막을 깨고 선생님이 오시더니 나의 머리를 쓰다듬으며 이렇게 말씀하셨다.

"와~, 석재는 정말 공을 잘 막는구나."

선생님의 칭찬에 나는 마음이 으쓱해졌다.

지금 생각해보면 친구들에게 놀림을 당할 수도 있던 상황인데, 선생님께서 정말 멋지게 해결해주신 것 같다. 그렇게 1학년이 지나면서 내 성격은 점점 밝아졌고 자신감에 차올랐다.

겨울 방학식 무렵이었다. 선생님께서는 나를 조용히 부르셨다.

"석재야, 어쩌지? 우등상장을 너에게 주어야 하는데 학교에 상장이 모자라는구나!"

그리고 선생님은 공책과 연필 한 아름을 나에게 안겨주셨다. 당시에는 방학식 날에 성적이 우수한 아이들에게 우등상장을 줬는데 나도 거기에 포함이 된 거다. 상을 받고 집에 가서 얼마나 자랑을 했던지.

그렇게 시간이 흘러 30여 년이 지난 몇 해 전, 미니홈피를 통해 선생님을 다시 뵙게 되었다. 반가움도 잠시 접고 선생님께 확인하고 싶은 것이 있었다.

"선생님, 1학년 때 정말 우등상장이 모자랐던 건가요? 아닌 거죠?"

"아…이런, 들켜버렸네. 아이고~ 석재야, 너는 그걸 아직도 기억하니?"

나는 1학년 이후로 공부를 잘하는 줄 알았다. 정말 그렇게 믿고 있었다. 그것이 사실이었든 아니었든 간에 중요한 것은 2학년부터 줄곧 우등상장을 놓치지 않았다는 거다.

만약 선생님께서 승부차기에 끼어들어 경기를 방해한 나를 타박했다면 나는 어떻게 되었을까? 그리고 선생님께서 일이 많으셔서, 혹은 귀찮아서 우등상장을 받지 못해 상심할 아이를 그냥 지나치셨다면 어떻게 되었을까?

요즘 선생님이라는 자리를 직업으로만 생각하는 분들이 있다. 사실 이런 분들은 아이에게 부정적인 영향을 미치지는 않는다. 가장 나쁜 영향을 미치는 선생님은 사생활을 학교생활까지 끌어들이는 선생님이다.

초등학교 고학년 때의 일이다. 담임선생님은 아이들이 자신의 통제에서 벗어나거나 자신의 말을 거역하면 불같이 화를 내셨다. 한 번은 수학 시간에 이런 일이 있었다. 그날도 무엇 때문인지는 모르지만, 선생님은 출근부터 기분이 좋지 않으셨다. 분위기를 감지한 반 친구들은 선생님의 말씀에 귀를 기울이며 열심히 수업을 들었다. 그런데 갑자기 선생님은 각도기와 줄자를 챙기시더니 운동장으로 나오라고 하셨다. 그리고 줄자와 각도기를 가지고 10미터가 넘는 나무의 높이를 알아내라는 문제를 내셨다. 혁신적인 수업방식이라 생각할 수도 있겠지만, 아무런 배경지식 없이 그 문제를 해결하기란 결코 쉽지가 않았다. 그런데 선생님은 멀뚱멀뚱 나무만 쳐다보고 있는 우리가 답답하셨는지 한 명씩 앞으로 불러내어 직접 질문을 하고 질문에 대답하지 못하면 때리기 시작했다. 차례가 가까워질수록 점점 가슴은 콩닥거렸다. 드디어 나의 차례, 선생님은 내게 무엇인가를 물어보았지만 이미 새하얗게 변한 머릿속에는 아무 대답도 떠오르지 않았다.

선생님의 의도는 무엇이었을까? 아이들이 정말 수학을 잘하기를 바라는 것이었을까? 아니면 개인적인 화풀이였을까? 중요한 것은 그 선생님과 함께 1년 동안 수학을 배웠던 나와 친구들은 수학을 공포의 대상, 지겨움의 대상으로 인식하게 되었고, 학교가 즐거운 곳이 아니라고 생각하게 되었다는 점이다.

　담임선생님 문제는 정말 복불복일까? 운이 좋아야 좋은 선생님을 만날 수 있는 것일까? 확실한 것은 문제가 되는 일부 선생님들이 변하지 않거나, 현재 시스템이 바뀌지 않는다면 영원히 복불복일 수밖에 없다는 것이다. 그러나 일부 비상식적인 선생님에 대한 해결책은 있다. 엄마들보다 아빠들이 직접 문제 해결과 대화의 중심에 서는 것이다. 이상한 일이지만, 엄마들의 말에는 꿈쩍하지 않다가도 아빠들 서넛이 모여서 찾아가서 신사답게 차근차근, 진지하게 질문하면 갈등이 해결되기도 한다. 아빠들의 적극적인 참여가 필요한 때이다.

선생님 활용법

"**어**떤 선생님이 좋은 선생님이라고 생각해?"

아내의 갑작스러운 질문에 당황했지만 이내 정답에 가깝게 두루뭉술한 대답을 했다.

"아이들을 진심으로 사랑하는 선생님이 좋은 선생님이 아닐까?"

"아니, 나는 그렇게 생각하지 않아."

아내는 잠시 생각한 뒤 이렇게 말했다.

"좋은 선생님이란 인내심이 강한 분이야."

밑도 끝도 없이 인내심이 강한 분이라니…. 아내의 설명을 요약하자면 이렇다. 아이들은 누구나 가능성을 갖고 있으며 선생님들 대부분은 아이의 가능성을 파악한다. 다만, 그 가능성이 발현되기까지는 시간과 정성이 들 수밖에 없는데, 그러기 위해서는 인내심을 갖고 기다리고 꾸준히 신경을 써야 한다. 하지만 인내심이 강한 분은 그리 많지 않다.

대한민국의 일반적인 초등학교의 한 학급 학생 수는 30명 내외이다. 분명히 선생님이 관심을 두고 아이들을 지켜본다면 아이들의 재능과 능력을 조금씩이라도 파악할 수 있다. 그러나 모든 학생에게 직접 다가서며 일일이 재능을 끌어내는 것은 쉬운 일이 아니다. 그리고 아이들의 특성도 다양하다. 칭찬 한 번으로 재능이 솟는 아이도 있지만 꾸준히 노력해야 하는 경우가 더 많다. 아내는 그런 인내심을 말하는 것 같다.

아이에게 선생님은 매우 중요하다. 하지만 아이와 부모가 선생님을 선택하는 것이 아니고 학교에서 정해준 것을 따를 수밖에 없다. 예능 프로그램의 복불복 게임이나 마찬가지다. 그래도 이런 생각을 해본다. 만약 학생이 물건 고르듯이 담임선생님을 선택한다면 과연 긍정적인 효과가 있을까? 지금과 같은 복불복 시스템은 나름의 긍정적인 기능이 있다. 사회에 나가면 학교보다 더 다양한 사람들을 만나게 된다. 그 사람들에 적응도 하고 어울리면서 살아가는 곳이 사회다. 선생님 역시 그런 선택의 일부로 생각하면 마음이 조금은 편해진다.

그렇다고 선생님과의 관계를 수동적으로만 볼 것은 아니다. 선생님은 아이들을 관리하고 감독하고 올바른 길로 이끌도록 국민이 고용한 사람이다. 또한, 가정에서의 아이와 학교, 친구들 사이에서의 아이는 다른 모습일 수 있는데 이런 아이의 모습을 가장 객관적으로 볼 수 있는 사람이 선생님이다. 선생님과 최대한 소통하자.

가정에 항상 좋은 일만 있을 수는 없다. 부부 사이의 불화와 경제문제 등 좋지 않은 일이 생기면 부모가 가장 힘들겠지만 부모 못지않게 아이 역시 충격을 받고 영향을 받는다. 가정과는 별개로 학교생활을 하면서 아이 스스로 헤쳐나가면 좋겠지만 가정생활의 영향을 받지 않을 수는 없다. 여러 가지 가정문제로 아이가 위축되면 선생님께 문자메시지를 통해 사정을 얘기하고 도움을 청하는 것도 좋다. 기본적인 감각이 있는 선생님이라면 상황을 파악하고, 직접 말하지 않더라도 아이의 마음을 어루만질 수 있다. 잠깐 아이에게 관심을 주기만 해도 아이는 마음이 풀어진다. 보다 센스가 있는 분이라면 조례나 종례시간에 가정에서 일어날 수 있는 여러 문제들에 대해서 돌려서 아이들에게 이야기해주면서 누구에게나 일어날 수 있는 일이며 모두 잘 헤쳐나갈 수 있는 일이라고 할 수도 있다. 이렇게 선생님은 아이에게 안정과 힘을 줄 수 있다. 선생님을 활용하자.

학교 자율학습 활용법

공부에 있어서 중고등학생에게 가장 중요한 시간은 언제일까? 바로 자율학습 시간이다. 초등학생들은 배운 내용을 자신의 것으로 만드는 시간을 집에서 부모와 함께 복습하고 정리하는 경우가 많다. 반면 중고등학생들은 자율학습 시간에 정리를 하게 된다. 자율학습은 배운 내용을 자신의 것으로 만드는 중요한 시간이다. 나는 항상 학생들에게 자율학습 시간은 생명과도 같은 소중한 시간임을 각인시키려고 노력한다. 고등학교에 입학하기 전부터 학생들에게 자율학습 시간만큼은 다른 아이들에게 휩쓸리지 말고 집중해서 공부하라고 세뇌를 한다. 그 과정에서 아이들에게 반드시 다짐받는 것이 있다. 바로 자율학습의 규칙이다. 나는 이 규칙을 확실하게 지킬 것을 요구한다. 일종의 자율학습 로드맵이다.

자율학습의 규칙

1. 자율학습 전에 반드시 1분의 명상을 한다.

2. 처음 20초 정도는 아무 생각도 하지 않는다.

3. 2번 과정 후에 3년 후와 10년 후 자신의 모습을 떠올려본다.

4. 명상으로 마음에 안정과 긴장이 생겼다면 이번 자습시간에 해야
   할 것을 떠올린다. 어떤 과목의 어떤 부분을 할 것인지에 대해 구
   체적으로 생각해본다.

자율학습이 시작되면 1분 동안 명상을 하도록 한다. 물론 1분의 시간도 아깝지만 앞에서도 말한 것처럼 집중한 10분이 흐리멍덩한 2시간보다 훨씬 효율적이다. 1분을 투자하면 나머지 시간의 집중력이 한층 올라간다.

자율학습을 시작하기 전 쉬는 시간에 아이들은 본능적으로 스트레스를 풀려고 장난을 치거나 수다를 떤다. 쉬는 시간만큼은 스트레스를 해소할 중요한 시간이므로 확실히 쉬어주는 것이 좋긴 하지만 지나치면 집중력까지 흐트러질 수 있다. 학창시절 기억을 떠올려보자. 수다 30분이면 기분은 좋아지고 마음도 여유로워지지만 공부하고 싶은 마음은 싹 사라져버린다. 도서관 휴게실에서 오랫동안 노닥거리는 학생들을 보라. 그런 시간을 보낸 후 다시 공부에 집중

하는 것은 정말 힘든 일이다.

집에서 공부할 때도 마찬가지다. 아이들은 쉴 때 컴퓨터를 하거나 TV를 본다. 물론 독서를 하는 아이들도 있다. 독서든 인터넷이든 중요한 것은 그것에 몰입해있었다는 것이다. 다른 것에 몰입했던 아이가 공부할 시간이 되어 앉아서 책을 토게 되면 과연 바로 집중을 할 수 있을까? 인터넷게임처럼 시각과 청각을 자극하는 놀이 후에는 20초보다 더 긴 명상의 시간이 필요하다. 자극되었던 신경을 가라앉혀야 하기 때문이다. 1분 명상은 모든 것을 비우는 시간이다.

자율학습을 시작하면 무엇을 할까 망설이는 경우가 많다. 무엇을 할 것인지 명확하게 정리해 놓는 것도 예습의 일부분이다. 내일 출근할 때 입을 옷을 잠들기 전에 미리 준비해 놓으면 출근을 준비하는 시간이 단축되는 것과 같은 맥락이라고 할 수 있다.

고등학생의 경우 야간 자율학습은 보통 6시 30분을 전후해서 시작된다. 자율학습이 시작되고 최초 20분은 학교에서 그날 배운 부분을 반드시 훑어보아야 한다. 정시만 준비하는 학생들에게는 다르게 적용되겠지만, 내신을 탄탄히 해야 하는 학생들에게 20분 복습은 제일 중요한 시간이다. 복습이 끝나면 수학과 영어를 중심으로 공부한다. 학원 진도에 맞춰도 좋고 인터넷 강의 진도에 맞춰도 좋다. 그리고 진도 말고 자신이 따로 계획을 세워 영어와 수학을 공부

해도 좋다. 어떤 방식이든 자율학습 시간의 80% 이상을 수학과 영어 공부에 집중해야 한다.

세 번째 단계는 정리의 시간이다. 끝날 시간 10분을 남기고 그날 자습의 아쉬웠던 부분을 반성하고 다음 자습을 위해 정리하는 시간을 갖는다. 정리가 되었다면 영어 단어를 외우거나 간단한 문학작품을 읽는다. 또는 논술잡지를 읽어도 좋다.

학교 자습시간에 숙제를 하거나 수행평가 준비를 하는 학생들이 있다. 물론 노는 것보다 낫겠지만, 귀한 시간을 그냥 허비하는 것 같아 안타깝다. 숙제와 수행평가는 다른 시간에 할 수 있다. 적어도 야간 자율학습 시간만큼은 수능과 입시를 대비하는 시간이 되어야 한다.

아이의 성공은 친구관계에서 시작된다

현대사회는 조직사회이므로 조직을 잘 관리하고 리드하는 사람이 성공할 수 있다. 예전처럼 한 명이 유능하거나 잘한다고 해서 결과가 좋아지는 것은 아니다. 조직이라는 것은 사람의 모임이다. 사람과의 관계를 풀어나가고 맺는 방법을 안다면 그 사람은 이미 어느 정도 성공했다고 볼 수 있다.

아이들의 노는 모습을 보면 초등학생 사이에서도 사회가 있고 질서가 있다는 것을 발견할 수 있다. 물론 독불장군처럼 자기 멋대로 하려는 아이도 있고, 친구들에게 매일 당하는 아이도 있다. 다양한 아이들 속에서 과연 나의 아이는 어떻게 자라야할까? 또래집단과 아이의 관계는 어떠해야 할까?

나의 아이는 벼룩시장에 참여하는 것을 좋아한다. 초등학교 1학년 때 나와 함께 처음 참여했는데 시장이 시작될 때 아이는 쭈뼛쭈뼛하기만 했다. 그러나 하나씩 물건이 팔리기 시작하자 조금씩 앞으로 나오기 시작했고, 나중에는 소리까지 지르며 물건을 팔았다.

2학년 때 참여했던 벼룩시장에서는 조금 더 적극적으로 변한 아이의 모습을 발견할 수 있었다. 나는 일부러 물건 파는 곳에서 떨어져 있었다. 본인 스스로 흥정하고 결정하길 바랐기 때문이다. 이러한 거래를 통해서 아이는 돈의 소중함과 실제적인 가치를 이해할 수 있었다.

3학년이 되어서는 보다 발전된 형태의 경험이 되길 원했다. 다른 형태의 판매를 고민하고 있는데, 아이는 고맙게도 스스로 길을 찾기 시작했다. 바로 친구와 동업을 하기로 한 것이다. 이웃에 사는 친구와 동업을 통해서 이윤을 얻고 그것을 분배하는 과정을 통해서 역할 분담하기를 원했다. 결과는 긍정적이었다.

가족 신문 만들기처럼 공동 작업이 가능한 숙제를 이용하는 것도 좋은 방법이 된다. 엄마와 같이 숙제를 하면 점수는 잘 나올 수 있어도 아이는 발전이 없다. 아이가 주도적으로 이끌고 부모는 보조적인 역할을 하는 것이 좋다. 아이가 주도적으로 끌어가지 못한다면 아이의 참여를 높이도록 노력해야 한다.

더 나아가서 친구와 그룹을 만들어 함께하는 공동과제는 아이의 문제해결 능력과 친구관계를 더욱 발전시킬 수 있다. 친구와 함께 의견을 나눌 수 있고, 의견이 달랐을 때 생기는 마찰을 통해 자신과 다른 의견이 있다는 것을 알게 되며, 그것을 극복해 가는 과정에서 문제 해결능력이 향상되는 것이다.

아이의 친구 중에는 장점이 많은 아이도 있고 단점이 많은 아이도 있다. 단점만 있는 아이는 없다. 마찬가지로 장점만 있는 아이역시 없다. 다양한 친구들과 함께 프로젝트를 진행하면 관계를 맺고 문제를 해결해나가는 능력이 생기는 데에도 유리하다.

프로젝트는 숙제에만 한정되지는 않는다. 앞에서 예를 든 벼룩시장 동업, 친구들과 함께 하는 학교 동아리 활동이나 인터넷 커뮤니티 활동도 좋은 예가 될 수 있다.

혹시라도 아이가 친구와 의견이 달라 둘의 사이가 좋지 않아지는 일이 생겨도 실망할 필요는 없다. 학교를 졸업하고 사회로 나가게 되면 자신의 생각과는 다른 사람들과 자주 부딪히게 된다. 어릴 때 친구와의 갈등을 겪으며 그것을 조정하고 해결하는 과정을 익숙하게 거친 아이들은 사회에서도 갈등을 비교적 쉽게 해결한다. 갈등에 대한 해결과 조정능력, 이것은 친구관계를 통해서 향상될 수 있다.

우리 아이는 도움이 되는 친구인가?

학원에 고등학생 둘이 있었다. 동수는 나와 오랜 시간 함께 했던 아이이고 수현이는 새로 들어온 지 얼마 되지 않은 아이이다. 동수는 중3때부터 다녔기 때문에 아이의 장단점과 고민을 알고 있었다. 동수는 수업시간에 적극적이고 과제도 잘 해서 학원의 입장에서 보았을 때는 최고의 학생이라고 할 수 있었다. 그런데 동수가 고등학생이 되면서 중학교 때에 비해서 대화하는 횟수가 줄어들었다. 고등학생이 되어 바쁜 탓도 있었지만, 친구인 수현이가 함께 학원에 다니면서 조금씩 문제가 생기기 시작했다. 하루는 수업 시작 시간이 훨씬 지나서 동수와 수현이가 들어왔는데 아이들의 몸에서 담배냄새가 풍겨왔다. 분명히 옷에 밴 냄새가 아니라 아이들의 호흡에서 나오는 냄새였다. 동수와 수현이에게 지각한 것에 대해 호통을 치는데 아이들의 눈빛이 평소와 다르다는 것을 느꼈다.
이런 경우는 보통 둘 사이에 무언가 다짐이 있었음을 암시한다. 이
때는 둘의 정보교환을 차단하고 개별 상담을 해야 한다.

먼저 동수를 불렀다.

"동수야, 요즘에 피곤해 보인다. 중학교 때는 게임을 오래해도 쌩
쌩했었는데…."

간단한 농담과 함께 예전에 동수와 함께 했던 여러 일들을 이야
기 했다. 그리고 부드럽게 이야기 했다.

"동수야, 요즘 많이 답답하지?"

입시와 고등학교 생활에 스트레스를 받던 동수는 나의 말에 응어
리진 마음이 눈 녹듯이 녹아버렸다. 몇 가지 얘기를 나누는 동안 눈
빛도 예전에 친하게 지내던 때로 돌아온 동수. 물론 서로 친분이 있
었기에 가능한 일이었다.

동수와 수현이 사이에는 암묵적인 카르텔이 만들어졌다. 이 카르
텔은 견고해서 쉽게 무너지지 않는다. 그러나 한 쪽만 무너지면 자
연스럽게 나머지 쪽도 쉽게 무너진다. 동수가 무너지자 수현이 역
시 곧 백기를 들었다.

아이들은 자신의 생각보다 친구의 생각을 더 중요하게 생각할 때
가 있다. 자신은 그렇게 생각하지 않아도 친구 생각에 동조할 때가

있다. 친구와의 관계를 중요하게 생각하기 때문이다. 아이들이 친구를 통해서 담배를 배우게 되는 것도 아이들의 이러한 성향과 무관하지 않다.

　선애라는 아이가 있었다. 중1 과정부터 함께 했던 선애는 모범생의 표상이었다. 5년 가까운 시간 동안 지각 한 번 하지 않았고, 숙제를 빼먹은 적도 거의 없었다. 단어시험 역시 성실하게 임했다.

　선애는 중학교 1학년 때부터 한양대 수학학과에 진학하고 싶다고 입버릇처럼 말했다. 결국 선애는 다른 학교를 마다하고 그 학교 자연과학부에 입학을 했다. 이렇게 선애는 자신이 세워놓은 목표를 향해서 천천히 전진하는 보기 드문 모범생이었다. 선애는 중학교 때도 줄곧 상위권을 차지했다. 그러던 어느 날, 선애가 친구 한 명을 학원에 데리고 왔다. 미진이라는 친구였는데, 그 아이 역시 조용한 타입이라 둘이 잘 맞겠다 싶었다. 결국 선애와 미진이는 함께 학원을 다니게 되었다. 미진이는 언제나 선애를 따라했다. 선애가 수학 공부를 하면 수학을 함께 공부하고, 사회를 공부하면 미진이 역시 사회공부를 했다. 심지어 편의점에 가거나 화장실에 갈 때도 선애와 동행했다. 그렇게 미진이가 학원에 다닌 지 5개월, 미진이의 성적은 어떻게 되었을까?

처음에 학원에 들어왔을 때 미진이의 성적은 전교에서 200등 정도였다. 그러나 선애와 함께 다니고 공부한 후 치른 시험에서 미진이는 전교 50등을 했다. 경이적으로 성적이 오른 것이다.

선애와 미진이의 경우를 보면, 미진이가 일방적으로 선애의 도움을 받은 것처럼 보이지만 선애 역시 미진이에게 도움을 받았다. 미진이와 함께 다니면서 선애는 공부에 더 집중할 수 있었다. 맘 편한 친구가 옆에 있었기 때문이다. 만약 미진이가 선애와 함께 하는 아이가 아니라 다른 유형의 아이였다면 선애도 부정적인 영향을 받았을 것이다. 아이를 좋은 친구와 맺어주는 것도 중요하지만, 다른 친구에게 도움이 될 수 있도록 지도하고 키으는 것 역시 중요한 부분이다.

은 학원이란 어떤 학원을 말하는 걸까? 학원에 다닌 후로 성적이 오르게 되었다면 그 학원이 좋은 학원일까?

그러나 모든 학생에게 도움이 되는, 좋은 학원은 존재하지 않는다. A라는 학생에게 도움이 되었던 학원도 다른 아이에게는 도움이 되지 않을 수 있기 때문이다.

중하위권 학생들에게는 암기식 방법이 단기적으로 효과를 볼 수 있기 때문에 일부 학원이 좋은 학원으로 평가받기도 하지만 상위권 학생들에게는 응용력을 저해하고, 지겨운 공부로 인식될 수 있기 때문에 부정적이다.

초창기 우리 학원의 수업방식은 '이해와 자율'이었다. 수업 시간에는 암기보다는 이해를 목표로 수업했고 억지보다는 자율을 학습의 핵심으로 삼았다. 그래서 우리 학원은 전교 1등과 중위권 학생이 동시에 수업을 받아도 문제가 없었다. 오히려 중위권 학생이 전교 1 등을 위협하는 때도 있다.

그러나 문제는 있었다. 일부 복습이 없는 학생이 문제였다. 이 문제를 해결하기 위해서 보통 숙제를 내주는데 숙제 역시 형식적으로 해오는 아이들이 있었기 때문에 완벽한 문제 해결이 될 수 없었다. 물론 대화와 믿음, 그리고 환경의 조성을 통해서 아이들이 스스로 공부하도록 해야겠지만 집에서 관리가 되지 않아서, 우리의 방식이 도움이 되지 않는 학생들이 있었다. 이런 학생은 학원에는 다니지만 형식적으로 다닐 뿐이다. 가정의 입장게선 돈만 아까운 경우다.

학원을 운영하는 사람 중 일부는 아이들을 바른길로 인도하기보다 자신들의 이익을 챙기는 것에 열을 올린다. 학생을 학원에 의존하게 만든다는 말이다. 학생이 자신의 학원을 떠나면 안 될 것처럼 불안감을 조성한다. 아이들은 대부분 순진하기 때문에 넘어간다. 부모도 마찬가지다. 학원을 그만두면 성적이 뚝 떨어질 것처럼 말하면 부모와 학생은 쉽게 학원을 떠나지 못한다. 학생 스스로 의존하는 경향도 더 강해진다.

어떤 사람들은 이것을 학원 중독이라고들 말한다. 학원에 중독되면 이득을 보는 사람들은 누구일까? 그렇다. 나와 같은 학원 경영

자들이다. 그러나 진정한 스승이라면 아이가 학원을 오래 다니게 하는 것이 목적이 아닌 아이들의 더 나은 미래를 바라보는 교육을 해야 할 것이다.

좋은 학원이란, 학생 스스로 주도적이고 창의적으로 공부할 수 있도록 도와주는 학원이다. 물론 그렇게 되면 학생이 학원을 그만둘지도 모른다. 그러면 학원은 그것을 뛰어넘어 몇 단계 업그레이드된 서비스와 교육의 질로 새로운 수요를 창출하면 된다. 학생을 학원에 의존하게 하고 수동적인 학생으로 만드는 학원은 분명 좋은 학원이 아니다.

어떤 학원을 선택해야 할까?

학원에 새롭게 등록하는 학생이 있을 때마다 과거에 어떤 방식으로 공부했고 사교육은 무엇을 받았고, 부모의 관리는 어땠는지를 물어본다. 그렇게 모은 자료의 통계를 분석해보면 크게 세 분류로 나뉜다.

부모가 맞벌이라서, 혹은 관리할 시간의 부족으로 전과목학원, 또는 공부방에 다녔던 아이, 집에서 학습지 위주로 부모의 관리를 받은 아이, 필요한 과목만 학원 또는 과외를 받으며 공부한 아이.

이런 아이들 중에 이해수준이 높아 수업이 편한 아이들은 부모의 철저한 관리 속에 학습지로 공부한 아이들이다. 반대로 가장 가르치기 어려운 부류는 부모의 관리 없이 전과목학원에 다녔던 아이들이다. 이 아이들의 부모는 대게 학원에만 보내면 아이 교육에 대한 모든 의무를 다했다고 생각한다. 이 아이들은 대체로 수업을 하기가 힘든데, 수업 시간에 다양한 배경지식을 설명하면 몇몇 아이들은 시험에 나오는 것만 간단하게 정리해주면 안 되겠느냐고 말하기도 한다. 물론 간단하게 정리는 할 수 있지만 이해에서 가장 중요한 것이 배경지식을 활용하는 것이기 때문에 설명 없이 정리하는 것은 이해의 가장 큰 적이 된다. 안타까운 일이다.

그렇다면 어떤 학원을 선택해야 할까?

아파트 단지나 소문이 빨리 퍼지는 지역의 초등학생들은 시험 때만 되면 스트레스를 더 받는다. 소문이 얼마나 빨리 퍼지는지 시험 결과가 나오고 저녁이 되기 전에 성적이 아파트를 한 바퀴 돈다. 정보의 근원은 하교하는 아이들에게 직접 성적을 물어보는 일부 어머니들이다. 물론 궁금한 것은 이해가 된다. 자기 아이의 성적이 아이들 중에서 어느 위치에 있는지 궁금할 수도 있다. 그러나 "넌 몇 점 맞았어?"라고 아이에게 점수를 직접 물어보는 행동은 아이에게 상처를 주는 일이다.

아이의 성적에서 중요한 것은 아이의 상대적인 위치도 중요하지만 절대적인 위치, 즉 아이가 그것을 아는지 모르는 것인지가 중요하다. 그리고 아이가 문제에서 요구하는 핵심을 이해했는지, 이해했다면 문제를 풀어가는 절차가 올바른지 확인하면 되는 것이다.

어쨌든 이렇게 퍼진 아이들의 성적은 다음 날 다른 방향으로 이야기가 돌기 시작한다.

'○○이는 어디를 다니는 거야?'

'글쎄 이번에 1등 한 ○○이는 ○○학원(또는 공부방)에 다닌대.'

이런 소문을 접한 어머니들은 아이에 대해 불안감을 느끼면서, 입수한 정보를 가지고 저울질하기 시작하고 결국 아이의 발전과는 상관없이 따라가기식으로 학원을 선택하게 된다.

간단하고 단순한 시험일수록 암기가 먹힌다. 누가 더 많이 암기했는가가 승부의 관건인 셈이다. 암기위주의 학원에 다닌 학생들이 성적이 잘 나온다. 아니, 기본은 한다. 분명 옆집 엄마의 시각으로 보았을 때는 이해할 수 없는 일이다.

'어머, 저 아이가 그 성적이 나왔다고?'

반사적으로 떠오르는 생각은 바로 옆집 아이가 하고 있는 사교육이다. 그 아이가 다니는 학원과 학습 정보를 백방으로 입수한 어머니는 다음 날 그 아이가 다니는 학원으로 문의 전화를 하게 된다.

다시 한 번 말하지만, 초등학생에게 가장 필요한 것은 배경지식과 경험이다. 그리고 그것을 자신의 것으로 만들 수 있는 집중력과 환경이 중요하다. 사교육 선택의 기준 역시 다르지 않다. 사교육을 선택할 때 아이의 학년이 낮을수록 수업내용을 대체로 암기하게 하는 학원보다는 이해를 위주로 다양한 배경지식을 쌓을 수 있는 학원을 선택하는 것이 좋다. 그리고 한 반 학생 수가 많을수록 암기형태로 수업이 진행될 수밖에 없으니 학생 수도 학원 선택의 중요한 요소다. 그리고 학원 상담선생님과의 대화도 필요하지만 상황이 허락된다면 아이를 가르칠 담당선생님과 이야기를 나눠보는 것이 필요하다.

중학생 역시 다르지 않다. 중학생은 초등학생 때 쌓았던 배경지식과 공부습관을 바탕으로 체계적으로 지식을 확장해가는 것이 중요하다. 중학생 시절은 축복받은 시기이다. 지적능력의 향상으로 고차원적인 생각이 가능하기 때문에 깊고 넓은 학습이 가능하다. 무엇보다 중요한 것은 중학생 때에는 많은 것을 시도해 볼 수 있다는 점이다. 고등학생이 되면 공부방법이나 진로를 바꾸는 것이 힘들다. 힘들다기보다 모험에 가깝다. 그러나 중학생들은 자신에게 맞는 공부방법이나 진로를 수월하게 수정할 수 있다. 자신에게 꼭 맞는 공부 방법을 조금씩 찾아가면 된다. 아직 방법을 모른다면 다양한 잡지와 신문읽기, 독서를 통해서 정보를 얻고 꿈을 키우고 생각을 키워야 한다.

그렇다면 중학생에게 꼭 필요한 학원은 어느 곳일까?

결론부터 말하자면 아이에게 많은 조언을 해줄 수 있는 학원, 아이의 멘토가 되어주고 아이에게 보다 많은 것을 보여줄 수 있는 학원을 선택하는 것이 좋다. 공부도 중요하지만 고등학교에 비해서 중학생 시절에는 공부 외적인 면이 더 중요하다.

우리 아이는 태권도와 미술, 피아노 학원에 다닌다. 태권도를 통해서 아이들과의 관계가 더 원만해졌고 단체와 질서에 대해 배울 수 있는 계기가 되었다. 사회성을 갖춘 아이가 되는 것만큼 중요한 것이 어디 있겠는가. 피아노 학원은 아내의 의견대로 중학교 때까지 보낼 생각이다. 나와 아내는 아이가 음악을 좋아하고 피아노도 잘 치는 학생이 되길 원한다.

영어는 학원이나 학습지를 하지 않고 전화영어와 화상영어처럼 외국인과의 대화 위주로 수업을 하고 있다. 현재 학교의 영어수업이 많이 변했지만 한계가 있다. 근본적인 한계는 아이들이 많다는 것과 학생들의 영어 수준이 모두 다르다는 점이다. 그래서 수업이 점점 비실용적으로 변해간다. 영어는 대화와 소통이라는 아내의 의견에 따라 교육방침을 정했다. 화상영어와 전화영어는 부모가 기본 회화가 되는 경우에 시너지효과가 발생한다.

우리 가정이 특별해서 다른 학원을 보내지 않는다고 생각할 수 있지만 나와 아내 역시 학원 수업으로 바쁜 맞벌이 가정이다. 부모가 조금만 신경 쓰고 발품을 판다면 아이에게 가장 적절한 학원과 교육법을 반드시 찾아낼 수 있다고 믿는다.

제2장

똑똑한 부모가 되기 위한 공부 지도 방법

:

아이를 어떻게 지도할 것인가?

1

기본적인 공부 방법

교과서가 공부의 기본이다

'**잠**은 푹 잤고요. 교과서 위주로 공부했어요.' 80~90년대에 유행하던 전국 수석의 소감이다. 교과서 위주로 공부했는데 전국 수석이라니. 참 얄미운 말이다. 요즘 아이들은 사교육의 도움도 받고도 고전하는데 과거의 전국 수석은 어떻게 교과서 공부만 하고도 전국 1등을 할 수 있었을까?

전국 대부분의 학생은 시험기간이 되면 따로 문제집을 사서 공부를 한다. 상위권이나 하위권 모두 비슷한 모습이다. 그러나 문제집을 푼다고 해서 아이의 성적이 오르는 것은 아니다.

중위권 학생들이 공부하는 모습을 지켜보고 있으면 정말 천편일률적이다. 아이들은 문제풀이를 한 후 채점을 통해서 자신이 몇 개 맞았는지에 관심을 가진다. 아이들은 말 그대로 몇 개 맞았는지가 중요하다. 이러한 문제풀이는 맞은 문제는 알고 있는 것이고, 틀린 문제는 자신이 모른다는 것을 한 번 확인하는 것일 뿐이다.

중위권 학생들에게 가장 필요한 것은 교과 내용을 파악하는 것이다. 기본적인 내용도 파악하지 않고 문제풀이를 하는 학생들을 보면 가슴이 답답하다. 문제집 풀이는 어느 정도 교과에 대한 이해가 된 학생들이 다양한 문제를 풀면서 자기 점검을 하고, 응용되고 심화된 문제를 접하면서 지식의 깊이를 깊게 할 수 있는 공부방법이다. 완벽하게 복습이 되어 있는 상위권 학생들은 바로 문제 풀이를 통해 효과를 볼 수 있지만 중위권 학생들이 시험공부를 문제 풀이로 시작하는 것은 별 효과가 없다.

공부라는 것이 어떠한 내용을 이해해서 자신의 것으로 만들어 응용하고 심화하는 과정이라고 할 때, 가장 먼저 해야 할 것이 바로 교과내용을 이해하는 것이다. 문제 풀이는 응용하고 심화하는 과정에 포함된다. 공부를 시작하면서 응용하고 심화할 수 있는 학생들은 많지 않다. 물론 상위권 학생이나 매일 복습을 통해서 교과서의 기본적인 내용을 자신의 것으로 만든 학생에게 문제풀이는 긍정적일 수 있지만 그 외의 학생들은 효율이 떨어진다.

이해가 가장 먼저라면 이해를 위해서 무엇을 먼저 해야 할까?

일단 세 가지 책을 비교해보자. 아래는 중학교 국사 문제집과 중

학교 교과서, 그리고 누드교과서에서 고구려 초기의 상황을 설명한
부분이다.

[중학교 문제집]

고국천왕(2세기 말): 부족적 전통을 가진 5부족을 동서남북중의 5부로
개편, 왕위계승이 형제 상속에서 부자 상속으로 바
뀜 → 왕권강화
미천왕(4세기 초): 대동강 유역 확보, 요동지역 세력 확대
소수림왕(4세기 말): 율령반포, 태학설립, 불교수용

[중학교 교과서]

고국천왕 때에는 부족적 성격을 가진 5부족을 동서남북중의 5부로 바
꾸었다. 그리고 왕위계승도 형제 상속에서 부자 상속으로 바꾸어 왕권
을 강화하였다. 4세기 초 미천왕 때에는 남으로 대동강 유역을 확보한
후, 요동지역으로 점차 세력을 확대해 나갔다. 그러나 그 후 고구려는
북쪽의 전연과 남쪽의 백제의 침략을 받으며 국가적 위기를 맞았다. 이
러한 상황을 극복하기 위해 소수림왕은 불교를 받아들여 이전의 다양한
신앙을 불교 중심으로 통합하고 왕실의 권위를 높이고자 하였다. 이어
태학을 설립하여 인재를 길렀으며, 율령을 반포하여 국가조직을 정비하

였다. 이로써 고구려는 중앙 집권 체제를 더욱 강화하여 새로운 발전의
토대를 마련하게 되었다.

[누드교과서]

2세기 후반 고국천왕은 부족적 성격이 강했던 5부를 행정적 성격의 5부
로 나누게 됩니다. 한 가족과도 같던 부족을 해체하고 행정적으로 묶어
놓다니⋯ 부족의 전통이 약화되고 중앙집권이 강화된 건 뻔한 결과겠지
요? 또 태조왕 이후 형제 상속되던 왕위를 부자 상속으로 바꾸면서 왕
은 이제 누구의 눈치도 보지 않고 가장 아끼는 자식에게 왕위를 물려줘
도 될 만큼 그 힘이 강해지게 되었습니다.

같은 내용을 비교한 것이다. 문제집의 요약 정리된 형태는 배경
지식이 없으면 도저히 이해할 수가 없다. 요약정리는 교과의 내용
을 완벽하게 이해한 후에 정리 차원에서 훑어봐야 하는 부분이다.
그런데 밑도 끝도 없이 간단한 내용을 갖고 처음부터 공부한다면
과연 학생들이 얼마나 이해할 수 있겠는가?

중학교 교과서는 나은 편이다. 교과서라서 표현이 딱딱하지만 흐
름에 따라 설명이 잘 되어 있다. 소수림왕이 왜 불교를 수용하고 태
학을 설립하고 율령을 반포했는지에 대해 정확히 알 수 있다. 감각

이 있는 학생이라면 광개토대왕이 큰일을 할 수 있었던 것도 소수림왕이 탄탄하게 나라를 안정시켰기 때문이라는 것도 깨달을 수 있다. 다만 형제 상속에서 부자 상속으로 변한 것이 왕권강화와 어떤 관계가 있는 것인지 설명이 부족해 아쉽다. 해설서인 누드교과서의 경우는 아이들이 읽기 편하고 친근한 대화체로 되어 있고, 전후의 흐름을 파악할 수 있도록 되어 있어서 이해가 쉽다.

2세기에는 어떤 왕이 어떠한 일을 했고, 3세기는 어떤 왕이 무엇을 했다고만 쓰여 있는 문제집을 가지고 과연 이해가 가능할까? 또, 이처럼 단순하게 요약 정리된 것을 달달 외운다고 해도 얼마나 지속될 수 있을까? 중고등학교 시절 배우고 익히는 공부의 궁극적인 목표가 학습한 내용을 창조적으로 활용해서 생활에서, 사회에서 써먹는 것이라면 과연 무엇을 활용할 수 있다는 말인가?

문제집은 아무 때나 펼쳐드는 것이 아니다. 먼저 교과내용을 이해하고, 나의 지식으로 만든 다음에 응용하고 심화해야 한다. 교과서나 해설서를 통해서 스스로 정리를 하는 것이 기본내용 이해의 가장 바른 방법이다.

이해를 한 후 문제집으로 요약 정리하며 공부할 때에도 교과서에서 이해했던 방식으로 생각해야 한다. 예를 들면, '2세기 고국천왕- 부족적 전통을 가진 5부족을 동서남북중의 5부로 개편, 왕위계승이 형제 상속에서 부자 상속으로 바뀜'이라고 나와 있어도 머릿속으로는 교과서의 내용처럼 흐름을 생각해야 한다. '아, 부자 상속으로 바뀌었다는 것은 왕권이 그만큼 강화되었다는 것이지.'라고 말이다.

속으로 대화하듯 생각을 하면서 문제집의 요약정리를 이용해야 한다. 이렇게 이해를 바탕으로 정리하면 외운 내용이 구조화되어 머리에 차곡차곡 저장된다.

학생들이 수업에서 설명을 듣고 100% 이해한다면 자습과 시험이 필요할 이유는 없다. 교과서로 공부할 때도 요약 정리해서 중요한 것만 외우는 것이 아니라 전반적인 흐름을 파악하는 공부가 필요하다.

그러나 가끔은 문제풀이가 먼저 필요한 때도 있다. 생소한 과목을 공부하거나 감이 잡히지 않는 부분을 공부할 때는 문제집을 보면서 문제유형을 파악하고 공부할 방법을 정하는 것이 좋다. 정말 생소한 부분이라면 기출문제를 통해 감을 잡는 것도 좋은 방법 가운데 하나다.

아이의 성적이 중위권에서 맴돈다면, 아이가 교과서를 무시하고 문제집 위주로 공부하는 것은 아닌지 점검할 필요가 있다. 보통의 부모는 아이가 공부할 때 시간을 위주로 체크하는 경향이 있다. 아이를 세부적으로 지도하는 것이 힘들다면, 무엇보다도 교과서를 먼저 공부할 수 있도록 지도해야 한다. 매일 밤 그날 배운 내용을 복습할 때는 먼저 교과서로 정리하고 참고서로 요약할 수 있도록 지도하자.

전국 수석의 교과서 위주로 공부했다는 말은 허세도 아니고 거짓도 아님을 다시 한 번 상기하자.

필기는 남에게 보여주기 위한 것이 아니다. 필기는 수업을 들으며 자신의 생각을 정리하고, 집에 가서도 수업 시간에 배운 내용을 떠올리는 매개체가 되어야 한다. 노트 필기의 목적이 무엇인가? 이해다. 강의 내용을 이해하고 다시 떠올려 기억하고 이해하는 것이다.

학생들의 노트를 보면 일목요연하게 정리를 잘한 아이도 있고 엉망인 아이들도 있다. 재미있는 점은 깔끔하게 정리한 아이가 공부를 잘하는 것은 아니라는 점이다. 엉망인 아이 중에도 공부를 잘하는 아이가 있고 못하는 아이도 있다. 그렇다면 노트 필기와 성적은 관계가 없는 것일까?

좀더 주의를 기울여보면 노트 필기와 성적의 상관관계는 다른 포인트에 있음을 눈치챌 수 있다. 바로 소통의 차이다. 공부 잘하는 아이들은 필기가 깔끔하거나 지저분한 것을 떠나 모두 노트와 소통을 한다. 선생님이 칠판에 쓴 내용을 옮겨 적을 때에도 자신의 생각을 함께 적어서 대화하듯 필기를 한다. 그리고 공부한 내용이 이해가 되지 않아서 노트를 펼쳤을 때 실질적으로 자신에게 도움이 될 수 있게 필기를 한다.

아비뇽 유수를 예로 들어보자.

아비뇽 유수 : 1309~1377년까지 7대에 걸쳐 프랑스 황제가 로마 교황
청을 프랑스의 도시 아비뇽으로 이전한 사건.

선생님께서 이렇게 적어주셨다면 선생님이 적어주신 내용과 함께 자신의 생각까지 대화하듯 적는다면 이해하기도 쉽고 자신도 모르는 사이에 머릿속에 기억하게 된다.

아비뇽 유수 : 1309~1377년까지 7대에 걸쳐 프랑스 황제가 로마 교황
청을 프랑스의 도시 아비뇽으로 이전한 사건.
(우와~황제가 교황을 70년이나 가두다니… 십자군 전쟁
후에 교황권이 많이 쇠퇴했나 보네.)

좋지 않은 필기 방법을 유형별로 살펴보면 첫째, 선생님의 필기를 아무 생각 없이 베껴 쓰는 것이다. 그냥 베껴 쓰는 것은 필기를 위한 필기일 뿐이다. 실질적인 도움이 되려면 공부한 내용을 다시 되짚을 수 있도록 정리를 해야 한다.

둘째는 자기만족을 위해 노트를 예쁘게 꾸미는 것이다. 형광펜을 색색이 갖춰놓고 예쁘게 색칠하는 것은 필기가 끝나고 다시 보았을 때 뿌듯함을 느끼는 것 말고는 도움이 될 수 없다.

실제로 사용하든, 하지 않든 간에 커닝 페이퍼를 만들어 본 사람이라면, 커닝 페이퍼를 만들다 보니 내용을 모두 외우고 이해하게 되어 정작 시험에는 사용할 필요가 없어진 경험을 해봤을 것이다. 커닝 페이퍼를 만들 때의 필기 방식이 바로 자신과의 소통이 있는 필기이기 때문에 쉽게 외우게 된 것이다. 자신에게 필요한 부분이 무엇인지 생각하고 제일 중요한 부분을 간략히 적고 집중하는 필기 방법, 바로 커닝 페이퍼를 만들 때의 필기 방법이 최고의 필기 방법 중 하나라고 할 수 있다.

부모는 아이가 노트에 필기했는지에만 관심을 갖기보다는 아이가 수업내용을 필기를 통해 다시 한 번 공부하고 있는지에 관심을 갖고 지켜보아야 한다. 그리고 필기를 통해 아이 스스로 소통하고 있는지 지도하고 점검해야 한다.

아이 스스로 생각할 시간을 주자

학원에 대수라는 아이가 있다. 대수는 수업 시간에 질문을 하면 반사적으로 시선이 교재로 향한다. 그리고 책에 나와 있는 그대로를 대답한다. 대수의 대답은 대수의 생각이 아니다. 단지 쓰여 있는 것을 말한 것뿐이다. 문제를 풀 때도 별반 다르지 않았다. 수학문제를 풀다가 막히는 문제가 있으면 바로 풀이 방법을 본다. 영어 역시 모르는 단어가 나와도 비슷한 모습을 보인다. 대수는 학원에서 내준 숙제는 잘해온다. 풀이와 답도 정확하다. 그러나 정작 시험 때는 숙제해오던 실력에 비해 훨씬 낮은 점수가 나온다.

"아, 진짜 아는 문제였는데 실수했어요. 안타까워요."라며 매번 실수했다는 핑계를 대기 바쁘다.

정말 대수는 아는 문제를 실수한 것일까? 이 글을 읽고 있는 모든 사람은 대수의 문제가 무엇인지 짐작할 것이다. 그렇다. 대수는 스스로 생각하는 노력을 하지 않는 것이다.

　나는 학원에서 진도를 처음 나갈 때 교재를 덮고 설명하기도 한다. 대수처럼 스스로 생각하지 않고 쉽게 답을 얻으려는 학생들이 있기 때문이다. 책을 덮고 교과 내용을 정리한 다음 학생들 스스로 상상을 하고 예측을 하게 한다.

　충격량 I = F(힘)×t(시간)이다. 어떤 물체가 충돌해서 멈추었다고 가정을 했을 때를 두 가지 경우로 예를 들어보자.

　첫 번째는 물체가 스펀지에 부딪쳐서 멈추는 경우고, 두 번째는 콘크리트벽에 부딪치는 경우다. 첫 번째와 두 번째 모두 스펀지와 콘크리트라는 충돌조건만 다를 뿐 나머지는 동일하다. 결국 두 경우 모두 충돌 후 속도가 0이 되었기 때문에 운동량의 변화량이 같다. 충격량은 운동량의 변화량과 같기 때문에 두 경우 모두 충격량은 같다. 스펀지에 부딪쳐 멈춘 경우는 충돌하는 시간이 늘어난다. 충격량은 정해져 있는데 충돌 시간이 증가하기 때문에 충돌할 때의 힘, 즉 충격력(힘)은 감소한다. 반대로 콘크리트벽에 부딪치는 경우도 스펀지와 충돌했을 때와 충격량은 같은데 충돌 시간이 짧기 때문에 충격력(힘)은 증가하는 것이다.

학생들에게 설명하고 일상생활에서 충돌시간을 길게 해서 충격력이 작아지는 경우를 생각해보라고 말한다. 학생 스스로 생각하는 잠깐의 시간이야말로 아이에게 피가 되고 살이 되는 귀한 시간이다.

청동기시대를 거쳐서 철기가 보급되었다. 철기의 보급으로 양질의 농기구와 무기가 생산되기 시작했다.

중학생 아이들에게 이렇게 설명하고 철기보급 이후의 사회 모습에 대해서 상상해보고 유추해보라고 한다. 어린 아이답게 정말 기발한 답도 나오고 교과서적인 답도 나온다. 정답을 보기 전에 생각을 하게 되면 아이들이 학습할 부분을 좀더 구체적으로 이해하게 되는 단초가 마련된다.

초등학생 자녀가 집에서 문제집을 풀 때도 마찬가지다. 서술형 문제에서 아이가 정답과 다른 답을 썼다면 틀렸다고 하기 전에 아이의 생각을 들어보는 것이 중요하다. 틀렸다면 왜 그렇게 썼는지 이야기를 들어보고, 아이의 생각에 타당성이 있다면 나름의 가치를 인정해 주어야 한다.

자투리 시간은 보너스

대한민국의 학생들은 해야 할 것이 너무 많다. 영어단어도 외워야 하고, 문학작품도 읽어야 하고, 어휘노트와 오답노트도 만들어야 한다. 비문학과 논술을 위해서 신문읽기는 기본이다. 기본교과 외에도 많은 공부거리가 학생들 앞에 펼쳐져 있다.

이런 공부거리를 반드시 정해진 시간에 하도록 지도할 필요는 없다. 중학생들이 숙제와 단어암기, 학원수업 등을 빼고 교과 내용을 스스로 공부할 시간은 하루에 1시간 안팎이다. 고등학생들도 공부할 시간이 많아 보이지만 스스로 정리할 시간은 많지 않다. 교과내용을 정리하고 복습할 시간도 많지 않은데 그 중요한 시간마저 단어암기와 어휘노트, 오답노트에만 매달린다면 과연 무엇을 할 수 있을까?

이렇게 자잘한 공부거리는 격에 맞게 자투리 시간에 끝낼 수 있도록 지도해야 한다. 쉬는 시간도 자투리공부를 하기에 좋은 시간이지만 다음 수업의 집중력을 높일 수 있도록 쉬는 시간엔 잠깐 쉬어주는 것이 효과적이다. 고등학생에게 쉬는 시간을 제외한 자투리 시간은 점심시간과 저녁 시간이다. 그리그 아침 자율학습시간도 있다. 특히 아침 자습시간과 같이 집중해서 공부하기 힘든 시간에는 단순반복을 할 수 있는 단어암기와 어휘노트 읽기 등을 하도록 지도하는 것이 좋다.

자투리 시간은 학교에만 있는 것이 아니다. 화장실에 문학작품 요약 정리집이나 비문학관련 책을 한두 권 정도 비치해두면 아이가 배경지식을 확보하고 독해력을 키우는 데 도움이 된다. 잠들기 전에는 현대소설 등을 읽도록 지도해서 자투리 시간을 채워가는 것이 좋다.

자, 자투리 공부는 자투리 시간을 활용하도록 지도해 보자.

2

과목별 공부 비법

논술 · 국어 · 과학
사회 · 국사

논술 ❶ :
논술의 기본은 글보다 생각에 있다

논술이란 '사회현상에 대한 자신의 생각과 의견을 말과 글로 표현하는 것이다.' 라고 정의했을 때 과연 논술에서 중요한 것은 무엇일까? '말과 글로 표현하는 것' 일까? 아니면 '사회현상에 대한 자신의 생각과 의견' 이 중요할까?

TV에서 볼 수 있는 정치인과 연예인들은 말도 참 잘한다. 말과 글이 중요하다면 그 사람들이 논술의 달인이라고 할 수 있다. 그러나 과연, 그 사람들을 논술의 달인이라고 브를 수 있을까? 말과 글이 기준이 된다면 히틀러와 히틀러를 보좌했던 괴벨스가 희대의 논술 달인이라고 할 수 있다.

물론 글쓰기, 말하기와 같은 표현에 있어서 얼마나 논리정연하게 잘 정리해서 전개하느냐가 중요한 부분이긴 하지만 그보다 사

165

회현상에 대해 어떻게 인식하고 그것에 대해 어떠한 생각을 하고 있는가가 중요하다. 사회현상을 바라보는 관점이 가장 중요하다는 말이다. 내가 살고 있는 세계와 사회의 사상, 사물 등을 바라보는 관점을 가치관이라고 한다. 논술에서 가장 중요한 것은 가치관이다. 가치관은 스스로 길러지는 것이 아니다.

예를 들어, 아이와 함께 길거리를 걷다가 지갑을 주웠다고 가정해보자. 이때 부모의 반응이 바로 아이 가치관 형성의 중요한 시점이 된다.

"와~ 웬 땡이냐!! 우리 이 돈으로 맛있는 거 사 먹자."

"누가 지갑을 흘렸구나. 잃어버린 사람은 속상하겠다. 얼른 경찰서에 가져다주자."

위의 두 가지 반응에 따라 아이의 가치관은 변하게 된다. 부모가 첫 번째 반응을 보인 경우, 아이는 다른 사람의 물건을 소중하게 생각할 줄 모르게 되며 다른 사람의 물건일지라도 내가 원한다면 언제든 가질 수도 있다고 생각할 것이다. 부모의 이런 생각과 행동이 생활에서 이어지면 아이는 자신의 노력으로 얻어지는 이득보다 불로소득을 바라게 될 확률이 높아지며, 남을 배려하는 마음 역시 성장하지 못할 것이다.

외국에서 비행기가 추락했다는 뉴스를 아이와 함께 보고 있다고 가정해 보자. 뉴스에서 상당히 많은 희생자가 발생했고 그 중 우리나라 국적을 가진 사람은 없었다는 소식을 전했다. 소식을 들은 부모가 '우리나라 사람은 죽지 않았으니 괜찮다.' 라는 반응을 보인다면 아이는 상황을 어떻게 생각할까? 비행기 사고가 정말로 괜찮고 다행한 일일까? 수백 명의 사상자가 발생한 사건이 우리나라 사람의 피해가 없었다는 이유로 괜찮은 사건이 될 수 있을까? 아이는 앞으로 사고와 죽음에 대해 어떻게 인식을 하게 될까?

아이와 함께 TV를 볼 때는 TV의 내용에 맞게 부모가 적당한 반응을 해줘야 한다. 사건과 사고를 통해서만 아이의 가치관이 형성되는 것은 아니다. 감동적인 장면을 보았을 때도 적당한 반응이 보여야 아이의 가치관이 정상적으로 성장할 수 있다. 아이 앞에서 눈물을 보이는 것이 창피하다고 감정을 꾹 누르고 무덤덤한 표정으로 있게 되면 아이 역시 그런 상황에서 무감각할 수밖에 없다. 어린 학생들이 가치관을 형성하는 바탕은 가정이다.

사건을 바라보는 가치관이 형성되었다고 논술을 잘하는 것이 아니다. 현대사회는 모순된 사건이 복합적이고도 교묘하게 일어난다. 사건이 단순하지 않다. 이해관계도 다양하게 얽혀서 선과 악으로 사건을 판단할 수만은 없다. 이때 필요한 것은 날카로운 분석력과 비판적 시각이다. 사건을 인식할 때 날카로운 분석과 비판적 시각을 통해서 바라보면 진실에 가까운 결론을 얻을 수 있다.

자신의 가치관과 비판적 사고에 의해 사건을 분석하고 자신의 생각을 정리한 뒤에 필요한 것이 바로 표현, 즉 글쓰기와 말하기이다. 표현을 잘하기 위해선 많은 노력과 연습이 필요하다. 구슬이 서 말이어도 꿰어야 보배란 말처럼 정확한 관점으로 사건을 분석했다고 해도 겉으로 자신의 생각을 표현하는 것에 문제가 있다면 허무할 수밖에 없다.

말하기와 글쓰기의 첫걸음은 관심이다

내 친구의 딸아이의 이름은 은혜다. 올해 4살이 된 은혜는 여자아이라 그런지 장식하고 꾸미는 것을 좋아한다. 특히 스티커를 좋아하는데 다양한 스티커를 모으고 붙이는 것을 좋아한다. 아이와 친해지고 싶던 나의 아내는 아이에게 질문을 시작했다.

"우와~ 우리 은혜는 스티커를 정말 좋아하는구나."

"나도 분홍색 좋아하는데 이거 정말 예쁘다."

아내가 아이의 스티커에 관심을 보이자 아이는 눈을 반짝이며 자신의 스티커에 대해서 일장연설을 하기 시작한다. 아이의 말 중에 이해할 수 있는 부분은 절반도 되지 않았지만 아내는 진심으로 아이의 말에 귀 기울이고 적절한 대응을 해주었다. 그러자 신난 아이는 아내에게 '이모'라고 어설프게 부르면서 자신의 보물창고에 애지중지 모아두었던 보물들을 하나씩 보여준다. 헤어질 시간이 되자 아이는 아내에게 다음에 또 오라며 떨어질 줄 모른다. 아이 엄마는 은혜가 처음 본 사람에게 이렇게 친근하게 대한 것은 이번이 처음이라며 아내에게 비결이 뭐냐고 물었다.

아이는 상대방이 자신의 마음을 알아주고 진심으로 관심을 갖는다는 것을 느끼면 마음속에 있는 어떤 생각이든 표현하려고 한다. 표현을 하면 할수록 자신의 생각을 정확히 표현할 수 있는 능력이 생긴다. 초등학생인 우리 아들 역시 마찬가지다. 보통 남자아이들은 학교에서 있던 일을 집에서 말하지 않는데, 태랑이는 학교에서 돌아오자마자 학교에서 있던 일을 빠짐없이 조잘댄다. 선생님께 혼난 일부터 딱지치기로 몇 개의 딱지를 땄는지, 누가 선생님께 혼났는지 등등 쉼 없이 조잘댄다. 아직은 표현에 있어서 아이의 어휘선택이 아주 좋은 편은 아니지만, 점점 자신의 생각을 정확히 표현하는 아이를 볼 때면 나와 아내는 뿌듯함을 느낀다.

많은 부모들이 자신의 아이는 학교에서 있던 일을 하나도 얘기하지 않는다고 푸념한다. 하지만 그 원인은 아이에게 있는 것이 아니라 부모에게 있다. 아이는 진심으로 관심을 가졌을 때 반응한다.

"학교에서 재밌었니?"

"다른 일은 없었고?"

위와 같은 형식적인 질문은 아이와의 대화를 단절한다. 구체적인 질문과 아이와 공유할 수 있는 질문을 통해서 아이에게 다가서야 한다. 학교에서 보낸 알림장을 정확히 읽고 아이가 점심으로 먹었던 메뉴를 기억했다가 물어보는 것도 한 방법이 된다.

"오늘 메뉴로 나온 콩나물무침은 맵지 않았니?"

"그렇게 매웠어? 맵다고 못 먹은 아이도 있었지?"

구체적인 질문이 아이의 진실한 대답을 유도할 수 있다.

중고등학생 역시 마찬가지다. 키와 덩치만 커졌지 생각하는 것은 초등학생 때와 별반 다르지 않다. 정신적으로 성숙했다고는 하지만 영락없는 아이들이다. 학교 수업을 마치고 학원에 온 학생들에게 단순하게 '안녕' 하고 인사만 하면 아이 역시 간단히 인사만 하고 강의실로 들어간다. 그러나 보다 구체적으로 아이가 공감할 수 있는 질문을 할 경우에 아이의 반응은 놀라울 정도로 달라진다. 교감이 이루어졌을 때 아이는 적극적으로 다가온다. 그렇다고 억지스럽게 설정을 해서 아이에게 지나친 관심을 갖는 것은 효과적이지 못하다. 일상에서 아이의 행동과 말에 정확하고 적절하게 반응하는 것이 필요하다.

글쓰기 역시 마찬가지다.

한 학생의 고백을 들어보자. 선재는 초등학생 때까지 글쓰기에

별 관심이 없었다고 한다. 글쓰기에 재미를 붙인 것은 중학교 때라고 한다. 선재의 반에는 모둠활동 제도가 있었는데, 반 아이들을 대여섯 개의 모둠으로 나눠 매일 종례 시간 전에 그날 있던 일을 모둠별로 발표한다고 한다. 모둠활동의 하이라이트는 모둠일기 발표시간인데 모둠일기란 모둠 구성원이 한 명씩 돌아가면서 그날 있었던 일을 일기형식으로 기록하는 것이다. 선재의 모둠에는 글쓰기를 좋아하는 아이가 없어서 어쩔 수 없이 선재가 쓰게 되었다고 한다.

선재는 이왕 쓰는 것 재밌게 써보겠다는 생각으로 그날 있던 일을 콩트처럼 썼다고 한다. 반 아이들은 매일 지루한 모둠일기를 듣다가 재미있는 선재의 일기를 접하자 열광했다고 한다. 선재가 일기를 발표할 때는 아이들과 선생님 모두 뒤집어졌다고 한다. 선재는 그날 이후 모둠일기를 전담하게 되었고 글쓰기에 흥미가 생겼다고 한다. 선재는 이제는 다양한 표현과 기교까지 생겨서 어떤 글이라도 쉽게 쓸 수 있게 되었다고 한다.

이렇게 글쓰기와 말하기는 작은 관심과 계기가 필요하다.

<h2 style="text-align:right">논술 ❸ :
블로그를 운영하게 하자</h2>

수시합격자 발표 때만 되면 나도 아이들처럼 불안함, 답답함, 긴장으로 안절부절못한 상태가 된다. 잠을 쉽게 이루지도 못하고 전화벨이 울릴 때마다 가슴이 덜컹 내려앉는다. 합격했다는 아이의 들뜬 목소리를 들을 때면 세상을 다 얻은 것 같은 기쁨으로 축하의 말을 건네지만, 깊은 한숨과 불안한 음성으로 수시에서 떨어졌음을 알리는 전화를 받을 때면 겉으로는 태연한 척 괜찮다고, 원래 수시는 떨어지는 거라고 위로를 하면서도 마음속에서는 아이들에게 무한한 연민을 느낀다.

지희는 1차 수시에 모두 탈락했다. 지희는 하나씩 떨어질 때마다 허탈감과 위기감을 느낀다고 내게 말했다. 그리고 간혹 붙어서 좋아하는 친구들을 보면 위기감이 극도로 높아진다고 했다. 지희는 그렇게 하나씩 떨어지면서 페이스가 흔들려 코앞으로 닥친 수능에 조차 집중을 하지 못했다.

드디어 2차 수시.

지희의 수능성적은 초라했다. 정시로 승부하기에는 수능점수에 비해 내신이 아까웠다. 그래서 선택한 곳은 수도권 상위권대학의 경영학과 수시지원.

수시전형은 보통, [내신 + 수능최저등급], 또는 [내신 + 논술(적성 평가)]인데 지희에게 추천한 학교는 [내신 + 수능최저등급 + 논술] 이었다. 처음에는 논술이라는 벽 때문에 주저했지만 지희는 내신도 높았고, 문과학생이었지만 수학을 좋아해서 수능최저등급도 간신 히 충족할 가능성이 있었다.

문제는 논술이었다. 지희는 논술을 두려워했지만, 나는 논술이 벽이기보다는 오히려 기회가 될 것으로 생각했다. 보통 수시모집에 서는 전형 조건이 간단한 학교에 학생들이 몰리는 법이다. 내신 100%로 학생들을 모집하는 대학에는 하위권 고등학교의 내신 성적 이 좋은 학생들이 많이 지원하며 그들이 합격할 확률이 높다. 따라 서 내신 성적이 좋다고 닥치는 대로 지원을 하면 상심만 커지고 전 형비만 낭비할 뿐이다. 오히려 수능과 논술, 적성검사처럼 조건이 다양하고 까다로운 학교가 경쟁률도 낮고, 맞춤 준비를 한다면 합격 가능성도 매우 커진다.

지희는 글을 많이 써보지 못했다. 걱정이었다. 논술 시험까지는 20일밖에 시간이 없었다. 20일 동안 지희에게 무엇을 어떻게 가르쳐야 한단 말인가? 1년의 여유를 두고 준비한다면 기초부터 탄탄히 닦고 지도할 텐데, 시간이 너무 촉박했다. 그래서 단기적으로 시험만 잘 볼 수 있도록 지도했다.

당시 사회에서 이슈가 되고 있는 사건들을 50여 가지 뽑았고, 학교 논술에 단골출제 되는 주제를 50여 가지 뽑았다. 그리고 학교 기출문제에 맞게 100문제를 만들어서 하루에 10개씩 글의 구조를 만들게 하고, 5개씩 학교 논술 규정에 맞게 쓰게 했다. 처음에는 감을 잡지 못하고 틀도 잡지 못해서, 글의 구성방식을 하나로 통일하고 틀을 짜는 연습을 했다. 그리고 논지를 전개하는 방법에 대해 연습을 했다. 그리고 틈틈이 최신시사상식 책을 꾸준히 읽도록 했다.

지희는 결국 그 대학교에 입학해서 현재 2학년에 재학 중이다. 논술 시험을 준비하면서 고생도 많이 하고 혼쭐이 나기도 했지만 지희는 결과에 만족했다.

만약 시험까지 시간이 많았다면 어떻게 했을까?

신문을 꾸준히 읽고 신문기사 중 하나를 선택해서 본인의 생각을 하루에 하나씩 적어보라고 했을 것이다. 그리고 학생이 쓴 글을 블로그에 올리고 커뮤니티에도 올려보라고 했을 것이다. 블로그에 글을 올린다고 해서 많은 사람이 들어와서 보지는 않는다. 그러나 블로그에 올릴 생각으로 글을 쓰게 되면 혹시라도 누군가 볼 것이라는 생각에 긴장을 하게 되고 적절한 표현을 찾으려고 최대한 노력을 하게 된다. 논지도 매끄럽게 전개하려고 애쓰게 되면서 글쓰기 능력도 조금씩 향상된다.

어느 정도 글쓰기가 되었다면 커뮤니티에 글을 올려 보는 것도 도움이 된다. 소통이 원활한 커뮤니티는 보통, 글을 올리게 되면 10개 이상의 댓글이 붙는다. 커뮤니티의 특성상 어느 정도 완성도가 있는 글이라면 대부분 긍정적인 반응을 받을 수 있기 때문에 글쓰기의 재미도 느끼고 다른 사람들의 의견을 들으면서 자신감도 쌓을 수 있다. 그러나 글쓰기의 기본이 되어 있지 않은 상태에서 글을 올리게 되면 반응이 좋지 않거나 댓글이 달리지 않아 자신감이 감소하고 다양한 시도를 하기 힘들어질 수도 있다.

내가 직접 글을 써서 올리지 않더라도 커뮤니티에 있는 다른 사람의 글을 많이 읽고 자신의 생각을 댓글로 남기는 것도 글쓰기에 도움이 된다. 다른 사람은 어떻게 생각하는지, 논지는 어떤 방법으로 이어나가는가를 보는 것도 도움이 된다. 바둑과 악기연주에서도 다른 사람의 플레이를 보는 것만으로도 자신의 실력향상에 도움이 되는 이치와 마찬가지다.

　이러한 이해를 바탕으로 하여 부모가 아이와 함께 온라인상에서 글쓰기 연습을 하는 것은 좋은 방법이다. 학습과 관련된 것보다는 아이가 관심이 있는 분야에 주제를 맞춰 블로그를 만들도록 하자. 스포츠나 연예인 관련 블로그라도 괜찮다. 아이가 블로그에 글과 사진을 올린다면 댓글도 달아주며 보다 관심을 가질 수 있도록 유도해 보자. 얼마 지나지 않아 자신의 생각을 100% 표현할 수 있는 아이가 되어 있을 것이다.

<h1 style="text-align:right">국어 ❶ :
4개의 날개로 날아오르자</h1>

언어는 고등학생에게 애증의 대상이 되는 과목이다. 탐구과목은 공부하는 만큼 성적이 오르는데, 언어는 공부의 양을 늘려도 성적이 오르지 않는다고 하소연을 한다.

언어는 무엇보다 다양한 독서가 중요하다. 고전문학과 현대문학 읽기, 역사책과 함께 비문학 영역의 글도 다양하게 읽어보는 것이 중요하다. 많은 책을 읽고 많이 써보고 읽은 내용을 친구들에게 이야기하고 친구들의 이야기를 듣는 과정이 필요하다.

국어 점수가 오르려면 4개의 날개가 정상적으로 작동해야 한다. 4개의 날개 즉, 말하기와 듣기, 읽기, 쓰기, 이 네 가지는 서로 상호보완의 관계에 있다. 읽기는 독서를 통해서 소화할 수 있지만 듣기와 말하기, 쓰기까지 독서가 모두 담보할 수 있는 것은 아니다. 책을 읽고 토론을 통해서 의견을 발표하고 다른 사람들의 다양한 생각을 들어보고 이해해야 사고의 폭도 커진다. 토론식 수업은 자신이 생각하지 못했던 부분을 알 수 있고 자신과 견해가 다른 의견을 들으면서 자신의 생각을 조정해서 가장 알맞은 결론에 도달할 수 있게 해준다. 토론이 서툰 아이들은 평소에 이슈화되고 있는 사회문제를 하나씩 정리하는 것이 도움이 된다.

읽기를 할 때는 만화책처럼 훑어 읽기를 하면 독해력 향상에 도움이 되지 않는다. 한 편의 글을 읽더라도 글의 구조를 파악하면서 의미를 파악하는 것이 중요하다.

말하기는 수다 떨기에 단련된 학생들에게 유리할 것 같지만 실제는 그렇지 않다. 제대로 된 말하기는 자신의 생각을 정리해서 일목요연하게 상대에게 전달하는 과정이라고 할 수 있지만, 학생들의 수다는 기승전결이나 인과관계가 부족한, 즉흥적인 말의 나열에 불과할 때가 많다. 만약 수다 떨기 능력이 말하기 능력과 연관된다면 수다 잘 떠는 아이들이 국어점수도 높아야 할 것이다.

말하기에도 요령이 필요하다. 평소에 말할 때도 일목요연하게 말하는 습관을 가지도록 유도하면 그만큼 효과를 볼 수 있다.

국어성적이 좋아지려면 말하기, 듣기, 읽기, 쓰기라는 네 개의 날개가 유기적으로 작동해야 한다.

<h1 style="text-align:right">국어 ❷ :
효과적으로 글 읽는 방법</h1>

요즘 새로운 교육과정에 따라 시험 문제의 양상이 변하고 있다. 지문의 길이가 길어지고 서술형 문제가 증가하고 있는데, 아이들은 늘어난 지문의 양만큼이나 어려움을 호소한다. 이유는 무얼까? 바로 읽기가 되지 않기 때문이다. 문제가 무엇을 요구하는지 파악을 하는 것조차 힘들어하는 아이들이 많다.

모든 과목의 공부는 읽기에서 시작한다. 읽기가 제대로 되지 않기 때문에 공부가 어렵고 문제 풀이가 어려운 것이다. 글 읽기란 글의 기본 내용을 이해하고 확장·비판하고 상상하는 과정이다. 이러한 읽기의 과정 중에 모든 글 읽기의 기본이 되는 것이 바로 기본내용의 이해이다.

어떻게 하면 글의 기본 내용을 이해할 수 있을까?

내용의 이해는 가장 먼저 어휘파악에서 온다. 어휘를 이해해야 문장을 이해하고 문단과 글을 이해할 수 있기 때문이다. 독서량이 많은 학생을 생각해보자. 많은 글을 읽어 보았기 때문에 어휘력이 뛰어나다. 아이가 많은 단어를 이해하고 있는 것은 어릴 때부터 사전을 찾아보았기 때문이 아니다. 처음에는 부모와 함께 대화하며, 책을 읽으며 알게 되었을 것이고 스스로 책을 읽기 시작할 무렵부터는 모르는 단어가 나왔을 때 앞뒤 문맥의 흐름을 파악해서 단어의 뜻을 짐작해서 이해했을 것이다.

그러나 초등학교 고학년이 되어 설명문과 논설문처럼 사회의 다양한 소재를 바탕으로 하는 글을 만나게 되면 사정이 달라진다. 소설, 동화처럼 서사적인 글에서는 모르는 단어가 나와도 흐름에 맞게 유추할 수 있지만 논설문, 설명문과 같은 비문학의 영역에서는 쉽게 유추할 수 없다. 특히 시사와 관련된 단어나 과학기술에 대한 글을 접하면 간단한 유추로 단어의 뜻을 구분하기가 쉽지 않다. 부모님께 여쭤 봐도 쉽게 답을 할 수 없는 경우도 있다. 이때 필요한 것이 사전이다. 사전을 찾으면서 글을 읽으면 막힘없이 읽을 수 있고, 관련된 단어의 뜻도 살필 수 있다. 그러나 최신시사에 관련된 단어는 사전에 없는 경우가 있기 때문에 전자사전이나 인터넷사전을 이용해서 어휘를 익혀나가야 한다.

체계적으로 어휘력을 키우는 가장 좋은 방법 중 하나는 어휘노트를 작성하는 것이다. 책과 신문을 읽을 때 모르는 단어가 나오면 사전을 찾아본 후, 어휘노트에 단어를 적는 것이다. 뜻까지 적을 필요는 없고 단어만 적어도 좋다. 단어라는 것은 한 번 뜻을 이해했다고 자신의 것이 되지 않는다. 어휘노트에 적었던 단어를 3일이나 일주일에 한 번씩 따로 복습하면서 자신의 것으로 만드는 시간이 반드시 필요하다. 어휘노트에 적었던 단어 중에 생소한 단어를 이해할 때는 그 단어를 이용해서 문장을 만들어 보면서 이해하면 빠르게 이해할 수 있다.

이렇게 단어의 뜻을 알게 되면 기본내용 파악이 훨씬 쉬워진다. 기본내용이 파악되었다면 읽기의 50%는 완성되었다고 할 수 있다. 그러나 보다 완벽한 읽기가 되기 위해서는 기본내용만 파악되어서는 안 된다. 글쓴이의 의도를 파악하고 깊게 이해하기 위해서는 배경지식을 활용해서 글의 내용을 심화·확장하고 비판하고 글의 내용을 타인과 소통할 줄 알아야 한다.

박완서 선생님의 「자전거 도둑」이라는 소설로 생각해보자.

시골에 살던 어린 수남이는 돈을 벌기 위해 서울로 상경해서 전기용품을 파는 점포의 점원이 되었다. 가게를 청소하고 물건을 배달하고 관리하는 것이 수남이의 일이었다. 수남이는 가게 일도 하면서 야학에서 공부할 준비를 했다. 주인아저씨는 그런 수남이를 대견해하지만 공부하려는 수남이보다 두 사람 몫을 해내는 수남이가 그저 좋을 뿐이었다.

바람이 심하게 부는 어느 날, 배달을 다녀오디 수남이의 자전거가 바람에 넘어져서 고급 승용차에 흠집을 내게 된다. 자동차 주인은 수남이에게 5,000원을 내라고 소리를 질렀지만 수남이는 돈을 줄 수 없었다. 결국 자동차 주인은 자전거에 자물쇠를 채우며 돈을 가져오면 열쇠를 주겠다고 했지만, 수남이는 몰래 자전거를 들고 가게로 도망온다. 자신의 행동이 잘못되었다고 수남이는 자책을 하지만 자신의 행동을 꾸짖을 것으로 생각했던 가게 주인은 잘했다며 수남이를 칭찬한다. 결국 수남이는 양심의 가책을 느끼며 전과자인 형을 떠올린다. 자신을 둘러싼 비인간적인 도시가 싫어진 수남이는 짐을 꾸려 고향으로 떠난다.

간단한 줄거리는 상경했던 수남이가 도시의 비인간적인 면을 느끼고 다시 고향으로 향한다는 이야기다. 누구나 쉽게 이해할 수 있는 간단한 이야기이지만, 글을 제대로 이해하려면 수남이의 심정이 되어보아야 한다. 수남이가 되기 위해서는 먼저 수남이가 살았던 시대와 환경을 떠올려야 한다. 요즘 아이들이 글의 배경이 되는 70년대 세운상가의 모습을 떠올리기는 쉽지 않다. 이럴 때는 최근에 봤던 드라마나 영화에서 보았던 예전 서울의 모습을 떠올리며 연상하는 것이 좋다. 나는 이 글을 읽을 때 시골집을 떠나 도시에 혼자 살면서 공부하던 고등학생 때를 떠올리며 수남이가 되어보려고 노력했다. 아이들이 70년대의 배경과 환경을 떠올리기 힘들어한다면 부모가 당시 사회 환경에 대해서 얘기해주어야 한다.

이 이야기에서 가장 중요한 사건은 자전거가 바람에 넘어져서 자동차에 흠집을 내고 돌아오는 부분이다. 이 사건을 계기로 수남이는 도시의 실체를 깨닫게 된다. 이 부분도 자신의 실수로 곤란을 겪었을 때의 경험을 살려서 최대한 수남이의 마음이 되어 작가가 말하려는 바를 이해하려고 노력해야 한다.

문학작품은 모든 것을 말하지 않는다. 세운상가의 모습도, 주인 아저씨의 표정도, 수금할 때마다 돈 없다며 잡아떼는 상가 사람들의 표정도 알 수가 없다. 전적으로 독자가 머릿속으로 떠올리며 상상해야 한다. 글을 읽는 사람 모두 다른 스타일의 이야기가 머릿속에서 만들어지는 것이다. 누가 더 작가의 의도를 제대로, 또는 독특하게 해석하는가 하는 문제는 독자에게 달렸다. 즉, 독자가 배경지식과 자신의 경험을 얼마나 잘 활용했는가에 따라 제대로 된 읽기가 된다는 말이다.

영화 「브레이브 하트」가 있다. 이 영화는 잉글랜드에 탄압을 받던 스코틀랜드의 실제 이야기다. 실존 인물인 윌리엄 월레스를 멜 깁슨이 연기했고 적군 잉글랜드의 이사벨 공주를 소피 마르소가 연기했다. 윌리엄 월레스는 잉글랜드의 탄압에 저항하던 스코틀랜드의 인물로 결국 잉글랜드에 매수당한 아군의 배신으로 전투에서 지고 처형당한다.

만약 이 영화를 세계의 다양한 사람들과 함께 본다면 어느 나라 사람이 영화의 내용에 공감하면서 감독의 의도를 제대로 파악할 수 있을까? 아마 우리 민족처럼 다른 민족의 침략에 고통을 받았던 사람들이 작품을 제대로 파악할 수 있지 않을까?

영화를 보는 우리나라 사람들은 일제 강점기를 떠올리며 영화를 볼 것이다. 월레스를 안중근 의사나 김구 선생님처럼 생각할 수도 있을 것이고, 스코틀랜드를 배신하는 사람들을 보면서 일제 강점기의 친일파를 떠올릴 수도 있을 것이다. 이렇게 배경지식과 자신의 경험을 활용한 읽기는 보다 적극적인 읽기가 될 수 있다.

소설은 갈등의 문학이다. 갈등 없는 소설이 어디 있겠는가. TV 드라마도 마찬가지다. 갈등이 있어야 재미가 있기에 작위적인 설정을 할 때도 있다. 소설의 갈등은 외적 갈등이 주를 이룬다. 외적 갈등이란 인물과 인물 사이의 갈등이다. 그러므로 소설을 읽을 때는 인물을 먼저 분석하고 인물과의 관계를 정리하고 그들 사이의 갈등 구조를 파악하면 이미 90%는 이해를 한 것이다.

문학은 실제 사회를 담아놓은 작은 세상이기 때문에 작품의 배경이 되는 사회를 먼저 이해하는 것이 중요하다. 「홍길동전」을 읽기 전에 조선사회의 반상제도를 이해하면 홍길동이 서자여서 겪은 고통을 더 잘 이해할 수 있을 것이다. 그리고 「장마」라는 소설을 읽기 전에 좌익과 우익이 무엇인지, 해방공간 때 어떤 일들이 있었는지,

6.25전쟁은 우리에게 어떤 의미가 있는지를 파악하면 작품을 더 깊이 있게 읽을 수 있다.

비문학 장르 역시 배경지식과 경험을 활용해야 하기는 마찬가지다. 만약 수능 언어영역 비문학 파트에 비행기가 뜨는 원리에 대해서 나왔다고 생각해보자.

비행기에 작용하는 여러 힘 중에서 양력은 뉴턴의 제3운동 법칙인 작용과 반작용의 원리에 따라 발생한다. 비행기가 진행할 때 날개 주위를 흘러 지나간 공기는 날개 뒤에서 아래로 밀려나게 되는데, 이렇게 공기를 아래로 민 반작용에 의해 날개는 양력을 발생시키는 것이다. 양력의 발생은 유체의 흐름이 빠를수록 압력이 낮아지고 느릴수록 압력이 높아진다는 베르누이의 원리로 설명되기도 한다. 비행기의 날개가 공기를 내리누르는 자세를 취하면 공기가 날개 윗면을 돌아 지나가는 구간에서 속도가 빨라지는 반면, 날개의 아랫면에서는 날개에 의해 눌린 공기가 상대적으로 천천히 지나가게 된다. 그 결과 날개 윗면의 공기압이 낮고 아랫면의 공기압이 높아져 상하 압력 차이만큼 위로 향하는 힘, 즉 양력이 생기는 것이다.

[두산동아 패싱코드 비문학 독해 中]

이 글을 읽어보면 어려운 단어들이 많이 나온다. 그러나 어려운 단어를 자세히 살펴보면 단어에 대한 설명이 모두 되어 있고 앞뒤 내용으로도 충분히 유추할 수 있다. 그러나 이 글을 여러 번 읽어도 이해하지 못하는 아이들이 있다. 그것은 바로 배경지식을 제대로 떠올리지 않았기 때문이다.

글을 읽는 아이 중에서 고무동력 비행기를 갖고 놀았던 아이들은 어렵지 않게 연상을 할 수 있을 것이다. 배경지식을 활용해서 머릿 속에서 그림을 그리면, 비행기가 날아오르는 장면을 연상할 수 있다. 하나의 멋진 비행기가 완성되는 것이다. 이렇게 자신의 경험과 배경지식을 읽기에 제대로 활용하면 글 읽기가 쉬워진다.

이렇듯 아이들의 독해력 향상에 큰 역할을 하는 배경지식은 어려서부터 부모가 넓혀주도록 노력해야 한다. 이것이 장기적으로 아이의 잠재력을 끌어올리는 똑똑한 부모가 되는 바른 길이다.

국어 ④ :
창의력은 배운 내용을 확장한다

학원에 새로 들어오는 학생 중에 가장 가르치기 힘든 아이들은 암기 위주로 공부했던 학생들이다. 학원에서는 이해 위주의 수업을 하고 복습을 통해서 스스로 깨우치고 자신의 것으로 만드는 것을 기본 학습 방향으로 잡고 있는데, 이해보다 암기로 공부했던 아이들은 다양한 배경지식을 바탕으로 설명을 하면 그냥 중요한 부분만 간단히 정리해달라고 한다. 답답한 일이다. 시험 기간에는 배운 내용을 간단히 정리하면서 문제를 풀어나가는 것이 맞는 공부방법이지만 평소에 요약 정리하면서 공부하게 되면 내용의 이해도 깊지 않고 응용 또한 할 수가 없다.

이렇게 암기 위주로 공부한 학생들은 내신 점수는 잘 나오지만, 예측하기 힘든 응용된 문제가 많은 수능에서는 점수가 잘 나오지 않는다. 특히 공식이 있는 문제를 풀 때 자신이 생각한 조건이 문제에 보이지 않으면 문제를 풀기 어려워하는 경향을 보인다. 앞에서도 언급했지만 암기 위주의 공부는, 공부한 내용을 확장하고 심화하고 응용하기 힘들다. 그리고 또 다른 공부의 배경지식이 되기도 어렵다. 그래서 이해 위주의 내용파악과 자신의 것으로 다시 만드는 과정이 꼭 필요한 것이다. 알렉산드로스 왕의 이야기를 살펴보자.

미다스는 프리기아의 왕이었다. 미다스 당시에 예언이 하나 있었는데 새로운 왕이 곧 수레를 타고 올 것이라는 것이었다. 그때 고르디아스가 수레를 타고 광장에 들어선다. 예언을 믿었던 사람들에 의해 고르디아스는 왕으로 추대된다. 왕위에 오른 고르디아스는 신의 신전에 수레를 바쳤고 밧줄로 단단히 묶어놓았다. 그 후에 그것을 푸는 자가 아시아의 지배자가 될 것이라는 신탁이 전해져 많은 사람이 매듭을 풀어보려 했지만 전부 실패했다. 때마침 알렉산드로스 왕이 소아시아 원정길에 이곳에 들르게 된다. 알렉산드로스도 처음에 다른 사람들처럼 매듭을 풀려고 했지만 실패하자 칼을 뽑아 매듭을 잘라버렸다. 알렉산드로스가 소아시아를 정복하자 사람들은 예언이 이루어졌다고 생각했다.

　현대 사회의 성공조건 가운데 하나가 바로 창의력이다. 남들과 다른 생각과 다른 관점으로 바라보는 사람이 성공할 수 있다. 그러나 암기식 공부는 아이의 창의력을 몰아낼 뿐이다. 창의력은 느리게 나타난다. 다양한 체험을 통해 형성되는 아이의 창의적인 생각을 부모는 서두르지 말고 천천히 기다려주어야 한다.

과학 ❶ :
과학을 통해서 성적향상의
즐거움을 만끽하자

과학은 크게 물리, 화학, 생물, 지구과학의 4과목으로 구성되어 있다. 상위권 대학에서 지구과학이 찬밥 대우를 받는 경우도 있지만 반드시 알아야 할 기초과목임에는 틀림없다.

과학은 점수 올리기가 가장 쉬운 과목이다. 수학처럼 연계성도 크지 않고 사회처럼 흐름을 알아야 이해할 수 있는 과목도 아니다. 과학적 이해능력이 아주 조금만 있으면 성적이 몰라보게 오를 수 있는 과목이 바로 과학이다.

학원에서는 낮은 성적으로 고민하는 학생들에게는 주로 과학을 통해서 성적향상의 즐거움을 주도록 노력한다. 성적이 낮은 학생들은 공부에 대해 두려움을 느끼고 쉽게 포기하는 경향이 있다. 이렇게 성적에 대한 자신감이 떨어졌을 때 과학을 집중적으로 학습시켜서 성적을 올리면 아이는 어느 정도 자신감을 갖게 된다. 그리고 예전에 느끼지 못했던 공부의 즐거움을 서서히 알게 된다.

예전 학원생 총명이의 경우도 마찬가지였다. 총명이는 학원에 들어올 때만 해도 평균이 60점 안팎을 유지했다. 총명이는 과학적인 상식이 약간은 있었다. 그래서 어렵지 않게 보충을 했고 결과는 나쁘지 않았다. 학원에 다닌 후 처음 본 중간고사에서 과학점수를 무려 90점이나 받은 것이다. 아이는 조금씩 자신감이 생겼고 성적 올리기의 재미를 알기 시작했다. 그리고 수학과 사회까지도 자신감이 전파되었다. 결국 총명이가 중3이 되었을 때는 평균이 90점이 넘는 공부 잘하는 학생이 되었다. 물론 총명이의 노력과 주위의 보이지 않는 도움이 있었지만 분명 총명이의 성적 향상의 시작은 과학에서부터 비롯되었다고 확신한다.

과학상자 조립을 좋아하던 진웅이도 같은 경우다. 평소 소극적이고 의욕이 없던 진웅이는 유독 과학상자 조립에 열심이었다. 그러나 성적은 하위권이었다. 과학상자 조립을 좋아했던 것과는 달리 과학과목 성적도 그다지 좋은 편이 아니었다. 진웅이에게 필요한 것은 의지와 자신감이라고 생각했다. 사실, 과학상자 조립을 좋아하는 것과 과학과목의 성적은 큰 상관관계가 없다. 그러나 어떠한 일에도 동기가 필요하기 때문에 과학상자와 과학과목을 연관시켜 자신감이 붙도록 유도했다. 학원 과학 시간이면 항상 진웅이에게 다음과 같은 말을 잊지 않고 해주었다.

"야, 진웅아. 너는 과학상자 조립을 많이 해봐서 그런지 과학과목에 소질이 있는 것 같다."

수업 시간에 질문을 해서 진웅이가 맞히기라도 하면 과학은 역시 진웅이가 잘한다며 칭찬을 아끼지 않았다. 재밌는 사실은 진웅이 자신도 자신이 과학을 잘한다고 믿게 되었다는 점이고, 주위 친구들도 진웅이를 과학 잘하는 아이로 생각하기 시작했다는 점이다. 중간고사에 과학과목에서 점수가 오르자 진웅이는 조금씩 학업에 자신감을 갖기 시작했고 적극적으로 변하기 시작했다.

아이들은 누구나 이렇게 작은 것에서 자신감을 찾아 성장할 수 있는 가능성을 갖고 있다. 무엇보다 성장 가능성에 불을 지필 수 있는 동기가 필요한데, 평소 아이가 좋아하는 관심사나 잘하는 것을 통해서 시작하게 하면 성공 확률이 높아진다.

과학 ❷ :
현상을 쉽게 이해하도록 지도하자

과학에서 아이들이 어려워하는 부분은 전기와 화학반응, 그리고 별의 운동이다. 힘들어하는 부분의 공통점은 바로, 공부하는 내용이 눈에 보이지 않는다는 것이다.

병렬회로와 직렬회로에서 전류의 흐름을 예로 들어보자.

크기가 다른 두 개의 저항 2Ω 과 4Ω 이 직렬로 연결되어 있는 회로가 있다. 직렬회로에서의 전류는 저항의 크기와 관계없이 일정하게 흐르고 각 저항의 전압은 저항의 크기에 비례한다.

교과서에 위와 같이 나왔을 때 어떻게 파악해야 할까? 아이들은 전기 부분을 특히 어려워하는데 이유는 전기에 대한 배경지식이 부족하고 전기가 눈에 보이는 현상이 아니기 때문이다. 이렇게 눈에 보이지 않아서 이해하기 힘들 때는 전기와 비슷한 현상을 통해서 이해하는 것이 좋다. 교과서와 참고서에도 전기의 흐름을 물의 흐름에 비유해서 설명을 하고 있다. 물론 물의 흐름으로 전기의 모든 것을 파악하는 것은 어렵겠지만, 이렇게 우리 주위에서 쉽게 발견할 수 있는 현상에 빗대어 생각해보면 내용 파악이 훨씬 쉽게 된다. 위의 전류에 대한 내용은 교통의 흐름처럼 전기의 입자를 차량에 비유해서 이해하면 복잡한 회로도 쉽게 이해할 수 있다. 전기의 흐름을 교통의 흐름으로 파악해 보자.

저항이 크다는 것은 그만큼 교통의 흐름을 방해하는 정도가 크다는 의미이다. 길이 좁다는 말이다. $2\,\Omega$ 보다 $4\,\Omega$ 이 더 좁은 길이 된다. 두 개의 저항을 지나는 자동차는 상대적으로 넓은 $2\,\Omega$ 의 길보다 $4\,\Omega$ 의 길에서 더 막히게 된다. 그러나 직렬회로이기 때문에 우회할 도로가 없다. 결국 좁은 길이나 넓은 길 모두 똑같은 대수의 자동차(전류)만 지나갈 수 있다. 그러나 막힘의 정도(전압)는 $2\,\Omega$ 보다 $4\,\Omega$ 에서 더 클 수밖에 없다. 따라서 직렬연결 회로에서는 전류는 저항의 크기와는 상관없고 전압은 저항의 크기에 비례하게 되는 것이다.

병렬 역시 마찬가지다. 병렬회로는 전류가 흐를 수 있는 길이 하나가 아니다. 그래서 4Ω 길이 많이 막히면 2Ω의 길토 돌아가면 된다. 또 2Ω에서 길이 막히면 다시 4Ω 길로 오면 된다. 이렇게 균형을 맞춰 이동하게 되면 어느새 2Ω과 4Ω의 길은 막힘의 정도(전압)가 비슷하다. 그러나 4Ω보다는 2Ω의 길이 더 넓기 때문에 더 많은 양의 자동차들(전류)이 2Ω 길로 지나게 된다.

이처럼 차량의 흐름을 이용하니 보다 쉽게 전기를 이해할 수 있다. 이렇게 일상생활에서 쉽게 접할 수 있는 것들로 돌려서 이해하면 쉽게 이해할 수 있는 과목이 바로 과학이다. 그러나 문제는 학생 스스로 일상과 연결 지어 과학현상을 이해하기가 힘들다는 것이다. 그렇기 때문에 부모의 역할이 중요하다. 아이가 어릴 때부터 사회현상과 과학현상에 대해 함께 이야기를 나누어야, 아이가 중고등학교에 진학했을 때 스스로 일상과 연결 지어 이해할 수 있다. 부모의 역할이 중요한 또 하나의 이유다.

과학 ❸ :
과학은 만화책으로 시작하자

과학과목의 용어들은 대부분 한자어로 되어 있다. 대체로 서양에서 일본을 통해서 과학서가 번역되어 들어오면서 그렇게 된 것으로 추측한다. 한자어로 되어 있는 용어는 어렵다. '세포'와 같은 용어는 영어로 'cell' 즉, '방' 이라는 말이다. 그런데 우리는 무슨 말인지 모호하게 이해하기 어려운 '세포' 라는 말을 사용하고 있다. 물론 한자어가 나쁘기만 한 것은 아니다. 한자의 뜻을 해석하고 이해하면 더 쉽게 개념을 이해할 수도 있다. 예를 들어 '관성' 이라는 용어를 공부할 때 무턱대고 관성이라는 개념을 외우기보다는 '관성: 습관적인 성질' 이라고 한자를 풀어서 이해하면 더 친숙하게 개념에 접근할 수 있다. '버스가 갑자기 멈출 때 사람들의 몸이 앞으로 쏠리는 것은 바로 우리 몸의 습관적인 성질, 즉 관성 때문이다.' 와 같이 떠올리기 쉬운 생활 속의 예를 적용해서 이해하면 더욱 효과적이다.

과학은 다른 과목과 다르다. 일반적인 과학지식과 생활에서의 지식이 있으면 쉽게 이해할 수 있다. 그래서인지 만화와 결합한 과학 관련 학습 책들이 많이 나와 있다. 과학에 대한 배경지식을 쌓을 때는 만화책을 활용하는 것도 나쁘지 않다. 만화책은 장단점이 확실하다. 쉽게 내용을 파악할 수 있기 때문에 흥미 위주의 글 읽기에 적합하다. 그러나 만화책만 계속 읽으면 문제가 생긴다. 글을 읽고 내용 파악을 할 때는 글의 내용을 머릿속으로 형상화하는 과정이 필요하다. 형상화를 통해 전체를 이해할 수도 있고 흐름을 파악할 수도 있다. 그러나 만화책에는 내용이 이미 그림으로 나와 있기 때문에 머릿속으로 떠올릴 필요가 없다. 이렇게 형상화하는 과정이 없다 보니 일반 글을 읽을 때는 흥미도 떨어지고 이해력도 떨어지게 된다.

그러나 과학의 배경지식을 쌓는 일이라면 이야기는 달라진다. 앞에서도 이야기한 것처럼 과학을 제대로 이해하려면 일상에서의 과학현상과 연관 지어 이해하고 생각해야 한다. 일상생활에서의 현상은 오히려 그림이 없다면 이해가 힘들다. 만화와 같은 그림이 있어야 쉽게 이해할 수 있다.

요즘 초등학생이나 중학생을 위한 과학 관련 만화책들이 베스트셀러 순위의 상위권을 차지하고 있다. 소재와 영역도 지구과학부터 물리, 화학, 생물까지 다양하다.

아이가 과학을 싫어하고 공부에 힘들어한다면 이런 과학 만화책을 통해서 배경지식을 쌓을 수 있도록 지도해 보자. 머지않아 과학에 흥미를 느끼는 아이를 발견할 수 있을 것이다.

사회 ❶ :
지리와 일반사회는 체험을 통해서

사회과목은 인간이 만들어낸 모든 것을 배우는 학문으로 지리와 기후, 해양과 같이 인간의 생활과 밀접한 관련이 있는 것들도 포함하고 있다.

초등학생인 우리 아이는 사회시간만큼은 다른 아이들보다 자신이 있다고 말한다. 수업 내용 중에 우리가 살고 있는 고장의 지리에 대해서 배우는 것이 있는데 우리 아이는 웬만한 어른보다 지역의 지리를 더 잘 알고 있다. 평소 아이는 우리가 사는 평야 지대와 하천, 그리고 산들에 관심을 가지고 지켜봤기 때문이다.

아이 성적에 도움이 되는 체험을 하고 싶다면, 아이가 배우는 교과서를 먼저 펼쳐보는 것이 좋다. 교과서에서 배울 부분을 아이와 먼저 체험을 해보면 아이가 수업 시간에 쉽게 이해할 수 있다. 사회

책에 계곡과 능선이 나오면 직접 그곳에 방문해서 눈으로 보고 느낄 수 있도록 한다. 선행학습을 참고서와 문제집이 아닌 아이와 함께 오감으로 느낄 수 있도록 해보자.

나는 평소에 아이가 체험을 통해 배경지식을 쌓을 수 있도록 노력을 많이 하는 편이다. 아이와 함께 산에 오르거나 아이를 태우고 운전하고 다닐 때에도 항상 방향과 지형에 대해서 설명을 해준다. 한 번은 아이가 우리가 살고 있는 곳의 인구가 얼마인지 궁금하다고 한 적이 있었다. 마침 주민 센터가 근처에 있어서 그곳으로 향했다. 주민 센터에서는 고장의 인구뿐 아니라 산업시설까지 알 수 있었다. 결국 아이는 고장에 대해서 쉽게 파악할 수 있었고 주민 센터에서 하는 일까지 덤으로 공부할 수 있었다. 사회과목의 선행학습은 책이 아니라 아이와 체험을 통해 배경지식을 쌓도록 하는 것이 효과적이다.

일반사회는 정치와 경제, 그리고 문화로 나눌 수 있다. 정치란 국가권력을 쟁취하기 위한 활동이 될 수도 있고, 모든 국가 또는 인간 생활에서 발생하는 이해관계의 대립이나 의견의 차이를 조정해 나가는 통제의 작용이라고 할 수 있다.

이러한 정치를 몸으로 느낄 수 있는 것은 직접 현장을 찾아보는 것이다. 예전에 촛불문화제에 아이를 데리고 간 적이 있었다. 집회의 내용이나 목적을 떠나서 집회를 통해서 민의가 어떻게 국가권력에 전달되고 자신의 생각을 어떻게 정치적으로 표출할 수 있는지에 대해 아이가 생각해보길 바랐다. 아직 어려서 거기까지 생각이 미치지 못하더라도 언젠가 정치에 대해서 공부할 기회가 생길 때 집회에 참가했던 경험을 떠올리면 더 쉽게 이해를 할 수 있을 거라고 생각했다.

우리 아이는 외동 아이다. 외동 아이를 둔 부모는 부모가 사라지고 아이 홀로 남겨졌을 때를 가끔 생각해보게 되는데 그럴 때면 마음이 짠해진다. 형제자매라도 있다면 서르 의지할 수 있겠지만 외동은 혼자라 더 강하게 키워야 한다. 그래서 경제관념에 대해 더욱 철저하게 교육하려고 한다. 아이가 배우는 경제도 이러한 고민의 연장 선상에서 이해하면 어렵지 않다. 경제과목에서 가장 기본이 되는 것이 바로 수요와 공급의 법칙이다. 가격이 내려가면 수요가 증가하고 공급은 감소해서 결국 가격이 다시 올라 균형가격에 도달한다는 것이 수요와 공급의 법칙인데 이것 역시 어렵지 않게 아이에게 가르칠 수 있다. 앞에서 말했던 벼룩시장을 이용하는 것인데 벼룩시장을 통해서 돈의 중요함과 거래의 개념도 익히고 팔 물건보다 물건을 찾는 아이들이 더 많을 때는 가격을 올려도 살 사람이 있다는 것과 물건 가격이 저렴할수록 사려고 하는 사람이 증가한다는

것도 깨달을 수 있었다. 이러한 경험을 바탕으로 사회를 이해하고
수업 내용을 이해한다면 일반사회 역시 어렵지만은 않을 것이다.

사회 ❷ :
지도와 지구본으로 배경지식을 키운다

몇 년 전, 학원 수업 시간에 유럽에 대해 설명을 하면서 다뉴브 강에 대해서 말했던 적이 있다.

"러시아를 제외한 유럽에서 가장 긴 강이 다뉴브 강인데….."

이렇게 이야기를 하자 몇몇 아이들은 책에 다뉴브 강(도나우 강)에 대해서 적기 시작했다. 그런데 갑자기 은혜 짝꿍 혜인이가 깔깔대고 웃기 시작했다. 알고 봤더니 은혜는 이렇게 적었던 것이다.

'단유부강은 유럽에서….'

한동안 은혜의 별명은 단유부강으로 불렸다. 은혜는 정말 태어나서 한 번도 다뉴브란 말조차 들어본 적이 없다고 한다. 그런데 은혜의 짝 혜인이는 다뉴브 강이 알프스에서 발원해서 동부 유럽을 가로질러 흑해까지 연결된다는 것까지 알고 있었다.

사회 수업을 할 때면 난감할 때가 있다. 어떤 아이는 배경지식이 풍부해서 거두절미하고 수업만 진행하면 되는데 어떤 학생은 배경지식이 빈약해서 앞뒤 상황을 자세하게 설명해야 하는 경우가 있다. 그래서 가끔 수업이 매끄럽지 못할 때가 있다. 이해에서도 차이가 난다.

환태평양 조산대로 예를 들어보자.

환태평양 조산대를 설명하기에 앞서서 아이들의 이해를 돕기 위해서 칠레 대지진을 설명했던 적이 있다. 예전 모 프로그램의 남극행이 취소되었던 이야기까지 곁들이면서 아이들에게 설명하고 있었는데 한 학생이 칠레의 위치까지 말하면서 그곳이 환태평양 조산대냐고 물어보았다. 그 아이는 칠레의 위치뿐 아니라 뉴스를 통해서 칠레지진, 그리고 칠레와의 FTA까지 알고 있었다. 다른 학생들은 그저 눈만 깜빡일 뿐이었다. 배경지식이 있는 아이는 내 설명에 귀 기울이며 혹시 본인이 모르는 내용이 나오면 질문까지 하면서 흥미를 보이지만 그렇지 않은 아이는 몇 번을 설명해도 이해시키기가 쉽지 않을 뿐만 아니라 흥미도 없다. 이처럼 배경지식이 있고 없고의 차이는 엄청나다.

그렇다면 이러한 배경지식은 어떻게 가르쳐줄 수 있을까? 나는 생활 속에서 실천할 수 있는 구체적인 방법의 하나로 지도, 지구본을 꼽는다.

우리 집에는 문마다 지도가 붙어 있다. 화장실 문에는 우리가 살고 있는 지역의 대축척지도와 우리나라 지도가 앞뒤로 붙어 있고 아이의 방에는 서울 전도와 세계지도가 붙어 있다. 거실 텔레비전 위에는 지구본이 있다.

아이가 볼일을 볼 때마다 지도를 찾아보면서 상상을 하길 바라는 마음에서 화장실에 지도를 붙여놓았고, 더 넓은 세상을 꿈꾸길 바라는 마음에 세계지도를 아이 방에 붙여놓았다. 물론 지도를 통해서 방향과 거리감각을 익히길 바라는 마음도 있었다.

TV 위에 지구본을 놓은 이유는 TV에서 국제뉴스와 다른 나라 소식이 나오면 직접 찾아보게 하기 위해서다. 얼마 전에는 TV 프로그램에서 아이티 지진 이후 복구 소식을 접했는데 구호물자를 도미니카공화국에서 비행기나 배가 아닌 트럭으로 실어 나르는 것이었다. 아이티가 섬나라라고 알고 있던 아이는 얼른 지구본을 꺼내어 보더니 아이티와 도미니카공화국이 한 섬에 공존한다는 것을 알 수 있었다.

중학교에 입학하면 사회시간에 제일 먼저 배우는 것이 위치표현이다. 위선과 경선, 그리고 북반구와 남반구를 배우는데 우리가 살아가는 장소를 배우는 매우 중요한 시간이다. 중1 학생들이 가장 힘들어하는 것이 바로 경도에 따른 시간의 차이이다. 그리니치 천문대가 있는 영국이 표준시, 즉 본초자오선이 되고 동쪽으로 동경이 되고 서쪽으로는 서경이 된다. 대한민국은 동경 126이다. 영국을 기준으로 동쪽으로 126도 지점에 있다는 말이다. 영국이 낮 12시라면 영국의 동쪽은 이미 낮 12시가 지났고, 서쪽은 아직 오전인 것이다. 글로 이해하는 것은 힘들지만 직접 지구본을 보면 쉽게 이해할 수 있다.

지구자전방향(서→동)으로 지구본을 돌리면서 잠깐만 생각해보면 원리를 금방 터득할 수 있다. 요즘 나오는 지구본들은 모두 위쪽에 시간표시가 되어 있어서 대한민국의 시간을 설정해 놓으면 경도선에 따라서 각각의 시간이 표시된다. 지구본으로 지구의 실제 형태를 이해했다면 기후와 해류의 변화, 그리고 기상현상에 대해서도 보다 쉽게 이해할 수 있다.

지구본과 지도를 구입해서 아이 가까이에 비치하도록 하자.

사회 ❸ :
'왜?' 라는 질문을 유도하자

사회현상을 파악할 때 가장 쉽게 현상에 접근할 수 있는 방법이 바로 '왜?' 라는 질문을 던져보는 것이다. 사람들이 모여서 집회를 해서 차가 밀리고 불편하다. 이때 '바쁜데 차까지 막히네. 저기 뭐 하는 사람들이야?' 하고 짜증을 내기보다 왜 사람들이 나와서 집회를 하는지에 대해 물음을 던져보는 것이 아이에게 도움이 된다.

집회와 관련하여 아이에게 물어볼 질문과 대답을 생각해보자.

◇ 재미있게 즐길 수 있는 시간에 왜 저 사람들은 모여서 집회를 하는
  걸까?

→ 4대강 사업을 반대하는 사람들이야.

◇ 왜 사람들은 정부의 4대강 사업을 반대할까?

→ 반생명적이고 환경에 반하는 일이라고 생각하기 때문이야.

◇ 4대강 사업이 왜 반생명적, 반환경적인 것이지?

→ 물의 흐름을 막고 콘크리트 공사를 하면 물은 썩고 부유물질, 유독
물질이 퇴적되어 많은 생명이 죽을 수밖에 없어. 그리고 강과 강변,
그리고 강을 둘러싼 산과 들 사이를 콘크리트가 막고 있으면 생태계
가 순환할 수 없기 때문에 결국 죽은 강이 되어 버리지.

이 부분에서 콘크리트가 과학적으로 어떤 영향을 주는지에 대
한 질문은 과학의 영역으로 확장된다. 굳이 전문지식이 아니더라도
콘크리트 제방과 환경의 관계는 간단한 인터넷 검색만으로 알 수
있다.

사회적인 부분으로 더 파고 들어보자.

◇ 정부는 4대강 사업을 왜 하는 것일까? 어떤 이득이 있는 것일까?

◇ 만약 4대강 사업이 계속 진행된다면 어떻게 될까?

◇ 막을 수 있는 법적, 물리적 방법에는 무엇이 있을까?

이렇게 끊임없이 질문을 재생산하다 보면 사회를 바라보는 시

각이 훨씬 넓어지고 여러 사회현상과 맞물린 이해관계를 쉽게 파악할 수 있다. 앞에서도 말한 것처럼 아이 혼자서 이런 것을 터득하기는 쉽지 않다. 아이가 연쇄적으로 질문할 가능성 역시 적다. 이때 부모가 서로 대화를 유도하면 아이는 듣고 있는 것만으로도 현상을 파악하는 실마리를 발견한다.

중요하거나 아이가 반드시 알아 할 것은 아빠와 엄마가 미리 사전에 조율해서 점검하는 것이 좋다. 예를 들어 아이와 박물관에 나들이를 간다면 최소 하루 전에 박물관에 대한 것들을 미리 공부해서 아이의 지적 호기심을 자극하고 설명해주는 것이 좋다. 그리고 '왜' 라는 의문을 갖도록 유도해야 한다.

지리 과목 역시 '왜' 라는 물음이 필요하다. 선상지를 공부할 때, 왜 선상지가 생기는 것인지, 왜 삼각주는 하류에만 생기는 것인지에 대해 의문을 갖고 풀어가다 보면 조금씩 지리에 능통한 아이가 되어 있을 것이다.

국사 ❶ :
역사의 관성을 통해 미래를 바라보자

인간은 시간의 흐름 속에서 존재한다. 그리고 공간 속에서도 존재한다. 시간과 공간이 만나는 곳에 역사가 존재하고 자신이 존재한다. 사실 인간의 학문 중에 가장 중요하고, 가장 실용적인 학문이 바로 역사다. 영어와 수학이 사교육의 주도권을 장악한 시기에, 그리고 역사가 선택과목으로 전락한 이 시기에 역사가 가장 중요한 과목이라니. 그러나 나는 자신 있게 다시 한 번 강조할 수 있다. 역사가 가장 중요한 과목이라고!

관성이라는 것이 있다. 바로 습관의 성질이 관성이다. 관성에는 정지 관성이 있고 운동 관성이 있다. 정지 관성이란 정지하고 있는 물체가 계속 정지하려는 성질이다. 운동 관성이란 운동하는 물체가 자신의 운동 상태를 계속 유지하려는 성질이다. 역사 또한 관성이 있다. 우리 민족이, 아니 우리 인류가 수십만 년 걸어온 흐름이 있다. 직립보행을 깨닫고, 도구사용에 대해서 이해를 하고, 불을 사용하고, 언어를 사용하는 것도 한 번에 완성된 것이 아니라 흐름 속에서 서서히 익혀나간 것이다.

운동장에 축구공이 굴러간다고 치자. 그 축구공을 누가 찼고 어느 정도의 세기로 움직이고 있는지 파악하면 축구공의 흐름을 파악할 수 있다. 예측하기 힘든 럭비공이라고 할지라도 고도의 계산을 바탕으로 공의 굴절 각도와 땅의 상태까지 분석하면 어느 정도의 예측이 가능하다. 몇십 년 뒤 소행성의 움직임까지 파악할 수 있는 현대 사회에 공의 움직임을 예측하는 것은 어렵지 않다. 공의 움직임을 예측할 수 있는 자료에는 무엇이 있을까? 바로 공의 속력, 공의 무게, 지금까지의 궤적, 지면의 상태 등이 있을 것이다. 이런 자료를 완벽하게 파악하면 공의 궤적을 예측할 수 있는 것이다. 역사 또한 마찬가지다. 우리가 살고 있는 지금까지의 역사의 궤적을 연구하면 앞으로의 우리의 역사, 즉 미래를 예측할 수 있다. 사실 우리 인류의 미래만큼 중요한 것이 어디 있겠는가.

역사는 반복된다고 한다. 요즘 뉴스를 보면 마치 언젠가 꿈에서 본 듯한 데자뷔 현상이 일어난다. 그러나 꿈은 아니고 과거의 역사에서 항상 일어났던 일이다. 그것이 반복될 뿐이다. 지금 일어나는 일들도 미래에 조건이 비슷하다면 다시 일어날 수도 있을 것이다.

역사는 과거를 연구하는 학문이 아니라 미래를 연구하는 학문이다. 현재 역사의 운동 관성을 건전하게 만드는 것이 부모를 포함한 우리 세대의 임무라고 할 수 있다.

역사 공부에서 가장 중요한 것은 흐름 파악이다. 흐름을 파악하면 역사가 한눈에 들어온다. 무작정 외우기만 하면 점수는 오를지 몰라도 중요한 흐름을 놓치게 된다. 조선 초기의 역사를 왕의 순서대로 사건들을 외운다고 생각해보자.

'태종: 호패법 시행, 사병혁파. 세종: 4군 6진 설치, 농사직설 편찬, 훈민정음 창제….' 이렇게 외우면 역사는 흐름이 아니라 단절이 되어 버린다.

세종은 어린 나이에 왕위에 올라 어떻게 역사상 가장 위대한 군주가 될 수 있었을까? 세종의 뒤에는 아버지인 태종이 있었다. 조선 초기에는 개국공신들이 들끓고 있었다. 왕권을 위협하는 세력들의 칼날을 태종이 꺾어 버렸다. 바로 사병을 혁파한 것이다. 이것이외에도 태종은 세종이 즉위한 후에도 4년 동안이나 상왕으로 군림하면서 세종을 지원했다. 세종대왕이 안정적으로 치세할 수 있던 것은 세종만의 힘이 아니었다. 이렇게 역사는 홀로 존재하지 않는다.

고구려 장수왕의 천도도 우연이 아니다. 광개토대왕이 젊은 나이에 죽고 그의 아들 장수왕이 왕위를 잇는다. 국사책에서는 장수왕의 평양천도에 대해 간단히 언급한다. 천도의 이유도 간단하다. 남하를 위해서 평양으로 천도했다는 것이다. 평양의 위치에 대해서 의견이 분분하지만, 그 부분은 제외하고서라도 막강한 힘을 가지고 있던 고구려가 작은 나라를 압박하기 위해 천도했다는 것은 석연치 않다. 천도라는 것은 국가를 쇄신하기 위해서 행하는 매우 영향력이 큰 사건이다. 당시 고구려는 수도를 중심으로 아래로는 한강 이남까지 북으로는 몽골 근처까지, 서쪽으로는 북경 부근까지 세력을 형성하고 있었다. 그런데 얼마 남지 않은 한반도 땅덩어리를 먹겠다고 수도까지 이전한다는 것은 어불성설이다.

좀더 넓게 흐름을 파악해서 이해해 보자. 장수왕의 아버지는 광개토대왕이다. 혹자는 광개토대왕을 동양의 알렉산드로스라고도 일컫는다. 알렉산드로스 역시 정복군주였고 젊은 나이에 죽었다. 알렉산드로스가 죽고 나서 그의 거대한 제국은 세 나라로 나뉚었다. 그리고 힘도 발휘하지 못하고 로마의 속국으로 전락한다. 비슷한 조건이었던 장수왕은 어떻게 되었을까?

상상을 해보자. 엄청나게 넓은 땅을 차지한 광개토대왕 때는 넓어진 땅과 정복한 족속의 무리만큼 공신들이 존재했을 것이다. 공신들이 많아지면 그만큼 왕권은 위협을 받게 된다. 광개토대왕이 살아 있을 때는 그의 힘에 눌려 지냈을 테지만, 광개토대왕이 죽고 나서 공신세력은 자신들의 기득권을 유지하고 확장하려고 시도했을 것이다. 보수 세력이 기득권에 집착할수록 왕권은 위축될 수밖에 없다. 이런 혼란스러운 시기에 나이 어린 장수왕이 선택할 카드는 천도밖에 없었을 것이다. 천도를 통해 기득권 세력의 경제적 기반을 눌러 세력을 견제하려 했을 것이다.

이렇게 역사는 하나의 사건만 기억하고 외우면 이해하기 어렵다. 역사는 단독으로 존재하지 않는다. 사건을 기억할 때는 당시의 사회적 문제와 흐름을 함께 파악하면 쉽게 이해할 수 있다.

공부하는 방식에서도 내용을 미리 알고 수업을 듣는 것이 흐름 파악과 이해에 도움이 된다. 특히 사회와 국사는 수업 전날 5분 예습으로 최고의 효과를 누릴 수 있다. 시간이 된다면 배울 내용을 누드교과서와 같은 해설서를 보면서 감을 파악하는 것도 좋고, 교과서를 보면서 배울 내용에 등장하는 인물이나 사건을 인터넷으로 검색해 보는 것도 좋다. 콘서트에 갈 때에 미리 가사를 외워놓으면 공연이 즐거워지듯이 배울 내용에 대해서 알고 있는 것 역시 도움이 된다. 영어·수학 공부로 시간이 없다면, 내일 배울 부분이 어디인지, 어떤 내용이 있는지 확인만 해도 좋다.

이것은 가르치는 입장에서도 마찬가지다. 가끔 상갓집 방문과 같은 갑작스러운 일이 생겨 밤을 새우고 수업준비 없이 바로 학원 수업에 들어가는 경우가 있는데, 수업 전에 잠깐 짬을 내어 1분 정도라도 훑어보는 것과 그냥 수업에 들어가는 것은 천양지차이다. 마찬가지로, 학생들도 수업 시작 전에 수업 시간에 배울 내용이 무엇인지 확인하는 것만으로 내용 이해도 쉽고 정리도 쉽게 된다.

중학생이라면 초등학교 때 배웠던 부분을 떠올려보고 고등학생이라면 중학과정을 떠올려 배경지식으로 삼는 것도 좋다. 예를 들어, 내일 배울 부분이 일반사회에서 시민혁명의 역사와 현대의 민주주의라면 중학교 때 배웠던 3대 시민혁명의 역사를 떠올려보고 혁명의 과정을 인터넷으로 검색해보자. 그리고 혁명의 기본이 되는 문서들까지 한 번씩 읽어보면 최고의 사회수업이 될 것은 자명하다. 사회·국사의 5분 예습은 1시간 복습보다 낫다.

제3장

따뜻한 부모가 되기 위한 아이 생활 이해 방법

:

아이와 어떻게 소통할 것인가?

인터넷 중독,
원인과 문제는 무엇인가?

부모님이 아이와 함께 상담을 오면 최대한 공손하게 이야기를 나눈다. 아이가 어떻게 공부했으며, 공부 환경은 어떠했고, 성적과 성격은 어떤지에 대해 이야기를 나누며 아이를 조금 더 정확히 파악하려고 노력한다.

"어머님, 아이와 따로 할 얘기가 있으니 잠시 자리 좀 비켜 주시겠습니까?"

이렇게 말씀드리면 어머니는 아이와 내가 대단한 이야기를 할 거라고 생각하시며 자리를 비켜주신다. 그러나 아이와 할 얘기가 뭐가 있겠는가. 어머니가 상담실에서 나가시면 아이와의 본격적인 수다가 시작된다.

"취미가 뭐니?"

"컴퓨터라면 게임을 많이 한다는 얘기네?"

"집에서 게임 하면 부모님께 혼나지 않니?"

아이의 실제적인 생활을 알아보기 위해서 질문을 던지다 보면 화제는 자연스럽게 아이가 좋아하는 게임으로 향한다. 아이가 어떤 게임을 좋아하는지, 레벨이 어느 정도인지를 확인하고 게임의 기술에 대해 한바탕 이야기한다.

여학생은 보통 컴퓨터를 메신저를 통해서 친구들과 이야기를 나누거나 자신의 미니홈피를 꾸미고 친구 홈피에 방문하고 자신이 좋아하는 아이돌 그룹 팬 페이지에 들르거나 그들의 동영상을 보는 데 이용한다. 그러나 남학생들은 좀 다르다. 미니홈피나 메신저는 다른 사람들과 소통할 정도만 이용하고 대부분의 아이는 게임에 빠져 산다. 남학생들에게 게임이라는 것은 부모가 생각하는 것 이상으로 비중에 크기 때문에 학원에 처음 들어오는 남학생들과의 대화는 게임으로 풀어가는 편이다.

아이들을 들었다 놨다 하는 게임과 인터넷. 초·중·고등학생을 키우는 부모의 절반 이상은 아이들의 컴퓨터 사용에 몸서리를 친다. 그도 그럴 것이 요즘 아이들은 학교에서 돌아와 가방을 내려놓기도 전에 컴퓨터를 켜고 모니터에 빨려 들어 갈 것처럼 앉는다. 그리고 밥 먹는 것도 잊고 게임과 메신저에 빠져 있다. 어릴 때는 통제를 했었는데 머리가 굵어지면서 그조차도 힘이 든다.

"또 컴퓨터 하니?"

"뭐 검색할 거 있어서 그러는 거예요!"

"또 게임 하려고 그러지!"

"수행평가 할 게 있는데 꼭 인터넷으로 찾아봐야 해요!"

걱정돼서 아이에게 한 마디 물어보지만 돌아오는 것은 싸늘한 대답뿐이다. 중학생이 되어서도 아이가 인터넷에 빠져서 헤어 나오기 힘들다면 부모도 반성할 부분이 있다.

일단 컴퓨터(인터넷) 중독에 대해 알아보도록 하자. 컴퓨터 사용의 문제점은 첫 번째는 중독성이 강하다는 것이고 두 번째는 컴퓨터 앞에 앉아 있는 시간이 길어질수록 더리가 아파지고 인내심이 사라지며 신경질적으로 변한다는 사실이다.

아이들이 게임에 빠지면 빠질수록 외부세계와 단절될 가능성이 크다. 게임 안에서도 사회가 존재하고 집단이 존재하지만 우리가 사는 실제 세상과는 세 가지 측면에서 다르다.

첫 번째는, 인터넷 세상에서는 익명성이 보장된다는 점이다. 아이디와 캐릭터 뒤에 숨어서 얼굴과 정보가 드러나지 않게 활동할 수 있다. 익명성은 어린아이나 어른 모두 문제가 될 수 있다. 어른들이 운전할 때 평소와 다르게 거칠어지고 욕도 튀어나오는 이유가 상대방 운전자를 직접 대면하지 않기 때문인 것처럼 아이들 역시 다른 사람들, 특히 주위 어른의 시선이 없고 자신을 숨길 수 있다는 점 때문에 좋지 못한 언행과 잘못된 사회성이 생길 위험이 있다.

두 번째로 인터넷상의 서열과 질서는 일반 사회와 다르다. 인터넷 속의 사회는 나이순이나 성적순이 아니다. 그래서 아이들은 인터넷 속의 세상에 열광하는지도 모른다. 학생들은 실제 사회 속에서 아이일 뿐이고 어른의 감시와 참견을 받는 존재다. 그러나 인터넷에서는 뛰어난 게임 플레이와 멋진 사진, 특이한 동영상, 예쁜 홈피 등을 통해서 연예인에 버금가는 인기인이 될 수도 있고 다른 사람들의 인정도 받을 수 있다. 다른 네티즌들이 관심을 가져주면 으쓱해지는 느낌이랄까? 이런 기분을 느끼고 싶어서 일부 청소년들은 자극적인 자료를 인터넷에 올려서 사회적 물의를 빚기도 한다. 예전에 초등학생 괴롭히기 동영상이나 햄스터를 죽이는 동영상이 그런 예가 될 수 있겠다.

세 번째로 실제 세상은 공부와 부모의 잔소리 등의 스트레스를 받는 곳이고, 인터넷은 그런 스트레스를 푸는 곳으로 생각한다는 점이다. 그래서 점점 인터넷 속으로 빠져들게 된다. 그러나 게임을 포함해서 인터넷을 오래 사용하다 보면, 짜증이 늘어난다. 눈도 아프고 머리도 아프다. 무엇보다도 인터넷 공간 역시 사람이 만들어가는 곳이기 때문에 사람과의 관계에서 스트레스를 받을 확률이 높다. 댓글로 상처받는 사람들이 좋은 예가 될 것이다.

아이들에게 매우 큰 영향을 미치는 컴퓨터, 어떻게 해법을 찾아야 할까?

인터넷 중독, 어떻게 해결해야 하나?

앞에서 말했던 것처럼 아이가 게임을 좋아하는 이유는 확실하다. 자극적이고 즐겁기 때문이다. 나이가 어릴수록 더 중독될 확률이 높고 컴퓨터에서 헤어나기 어렵다.

가장 좋은 방법은 중독 전에 예방하는 것이다. 당연한 이야기일 테지만 한번 중독되면 일이 커진다. 중요한 것은 아이가 크기 전에, 즉 컴퓨터를 알기 전에 부모가 컴퓨터 중독의 위험을 이해하고 컴퓨터 이용시간을 철저하게 규제해야 한다는 점이다. 아이가 중고등학교에 입학해도 컴퓨터 이용 시간만큼은 아이에게 양보해서는 안 된다. 자동차 운전게임과 아케이드 게임을 좋아하는 태랑이는 컴퓨터게임을 하는 날을 일요일 1시간으로 못 박아놓았다. 처음부터 확실하게 선을 그어놓아서 이것에 대해서는 어떠한 타협도 하지 않는다. 컴퓨터 이용 시간만큼은 반드시 부모의 통제 아래 있어야 한다. 사실, 맞벌이 부부의 경우는 아이의 컴퓨터 사용을 완벽하게 제어하기 힘들기 때문에 방과 후 아이의 동선을 파악하는 데 노력을 기울여야 한다. 아이들이 몇 시에 어느 곳에 있는지 철저히 확인하고 파악한 후, 대응책을 마련해야 한다. 방과 후에 아이들이 어디에서 무엇을 하는지 모른다면, 이미 게임은 끝났다고 할 수 있다. 인터넷 예방의 첫 번째는 사용시간의 강력한 통제이다.

두 번째 인터넷 중독 예방방법은 어릴 때부터 아이와 함께, 같은 운동이나 취미를 즐기는 것이다. 태랑이의 경우는 컴퓨터와 닌텐도 게임을 좋아하지만 야구하는 것을 훨씬 좋아한다. 운동이라는 것은 마력이 있다. 밖에서 신나게 뛰어놀고 들어오면 모니터 앞에 궁색하게 앉고 싶은 마음이 별로 들지 않는다. 보면 볼수록 빨려 들어가는 것이 컴퓨터다. 여가 시간에 컴퓨터를 할 수 없는 곳에 있는 것으로도 도움이 된다.

세 번째 방법은, 바로 아이와 함께 요즘 게임을 즐겨보라는 것이다. 대화라는 것은 상대방의 입장을 알고 있을 때 가능한 것이다. 아이의 마음을 알려면 아이가 느끼는 게임의 즐거움을 알아야 한다. 그래야 대화도 되고 적절한 타협점도 찾을 수 있다. 뒤에서 자세하게 설명하겠다.

네 번째는 아이가 쓰는 메신저를 직접 사용해 보는 것이다. 오프라인상의 아이와 온라인상의 아이는 사뭇 다르다. 이 아이한테 이런 면이 있었을까 생각할 정도다. 평소에 조용했던 아이도 인터넷에서는 끼 있는 아이로 통하기도 한다. 메신저에 가입하고 미니홈피도 들어가 보고 아이의 친구들은 어떤지 확인해 보면 아이를 이해하기가 한결 수월해진다. 그리고 메신저를 통해서 하지 못했던 이야기를 하는 것도 아이와 가까워지는 계기가 될 수 있다.

다섯 번째, 현재 아이가 중독되어 어떤 방법도 통하지 않는다면 컴퓨터를 치워야 한다. 컴퓨터를 치우면 아이는 학교수행평가와 숙제 검색 때문에 컴퓨터가 있어야 한다고 항변할 것이다. 하지만 컴퓨터 없이 수행평가는 가능하다. 절대 꺾여서는 안 된다. 그러나 이 방법은 위험할 수 있다. 섣불리 실행했다가 아이와의 관계만 나빠질 수 있다. 신중하게 생각하고 결정해야 한다.

수업 시간에 아이들과 가끔 게임에 대해서 이야기하면 아이들은 신기해한다. 주위의 어른들은 자기에게 공부와 관련한 이야기만 하지, 게임을 하는 어른도 없고 게임을 주제로 대화하는 어른도 없다는 것이다. 그러나 나는 어른이 아이들의 게임을 직접 해보아야 한다고 생각한다. 게임이 얼마나 재미있는지 안다면 아이의 부모를 포함해서 규제 위주로 컴퓨터 중독 문제를 해결하려는 어른들이 지금과는 다른 방법으로 아이들을 선도할 것이기 때문이다.

공부와 일을 팽개치고 낚시의 즐거움에 빠져 사는 사람이 있었다. 이러한 아들을 보다 못한 아버지는 다양한 방법으로 낚시 중독에서 아들을 건져보려 했다. 달래도 보고 불같이 화도 내봤지만 아들은 아랑곳하지 않고 낚시를 다녔다고 한다. 결국 아버지는 아들의 낚시를 막지 못했다. 시간이 흘러 아버지가 노인이 되어 생을 얼마 남기지 않았을 때 이런 생각을 했다고 한다.

'도대체 어떤 재미가 있기에 저렇게 낚시에 빠져 살까?

그래서 죽기 전에 이유나 알아보기 위해서 아들과 함께 낚시를 갔다고 한다. 낚시에서 몇 번의 손맛과 찌 맛을 본 아버지는 이렇게 말했다.

"아니, 이렇게 재밌는 것을 이제껏 혼자 했단 말이냐?"

그리고 아버지는 남은 생을 낚시와 함께했다고 한다.

만약 아들의 아버지가 조금 더 젊은 나이에 낚시를 해보았다면 어떠했을까? 아들의 낚시를 무작정 막지는 않았을 것이다. 일을 하고 함께 낚시를 다녔을지도 모른다. 함께 낚시를 즐기지 않더라도 아들의 즐거움을 이해해주고 타협점을 찾았을지도 모른다. 아들은 낚시의 즐거움을 뺏기지 않고, 아버지는 아버지 나름대로 아들을 규제했을 지도 모른다. 그랬다면 부자의 인생이 훨씬 행복했을 것이다.

아이들에겐 스트레스를 해소할 수 있는 무언가가 필요하다. 아버지들의 스트레스 해소 도구가 술과 친구모임, 골프, 축구라면 아이들은 게임이다. 중독성이 강해서 중독될 경우 문제가 발생할 수 있다는 점만 빼면 적절한 게임은 오히려 약이 될 수 있다. 그렇기 때문에 부모가 먼저 게임을 해보고 게임의 본질을 느낀 후 적절한 타협과 예방책을 내어놓는다면 아이도 수긍할 것이고 아이와의 관계도 더욱 좋아질 것으로 믿는다.

'○○파이터' 라는 게임이 있다. '○○파이터' 는 요즘 초등학생들 사이의 인기 있는 게임인데 태랑이는 아직 해본 적이 없다. 그래서 나는 요즘 이 게임을 먼저 배우고 있다. 성인용 FPS게임(First-Person Shooter, 1인용 슈팅게임, 주로 총싸움 게임)을 하다 보니 솔직히 어린이를 대상으로 하는 게임은 상대적으로 자극적이지 않아 재미를 느낄 수 없다. 그러나 배워야 한다. 왜냐하면 아이도 곧 이 게임을 하게 될 것이기 때문이다.

앞에서 말했던 것처럼 아이들은 인터넷이라는 새로운 세상에서 관계를 맺으며 새로운 사람으로 태어난다. 그리고 실제 생활과 마찬가지로 주목을 받기를 좋아하기 때문에 그런 성향을 이용해서 아이를 긍정적으로 변화시키는 것도 고려해볼 만하다. 사진을 좋아한다면, 자신이 찍은 사진을 유명한 사진커뮤니티에 올리고 자신을 소개하면 1시간도 되지 않아서 커뮤니티의 많은 선배 어른들이 격려의 댓글을 달아줄 것이다. 그런 반응에 맛을 들이게 되면 더 좋은 사진을 올리려고 노력하게 될 것이고 사진 실력도 좋아질 것이다. 만약 여행을 좋아한다면, 사진과 함께 여행기를 인터넷에 올려보자. 언젠가 유명한 여행 작가가 되어 있을지도 모를 일이다. 그리고 영화감독이나 연출을 하고 싶다면 동영상을 찍어 인터넷에 올려보자.

그러나 가장 중요한 것은 부모와 멘토, 그리고 학교 선생님이 아이들의 인터넷 사용을 이해하고, 관심을 갖고 지켜봐야 한다는 점이다. 게임을 이해하고 적절한 처방과 함께 관심을 가져 준다면 우리 아이들은 보다 쉽게 '게임중독' 이라는 굴레에서 헤어 나올 수 있을 거라고 확신한다.

현명하게 아이 공부 관리하기

경철이는 두 시간 정도 열심히 공부하고 방에서 나왔다. 열심히 공부했다고 생각한 경철이는 충분히 휴식을 취할 권리가 있다고 생각했다. 그래서 TV를 보거나 컴퓨터를 하고 있다. 이때 안방에 계시던 어머니가 경철이에게 한마디 한다.

"넌 공부는 안 하고…"

경철이는 공부했다고 항변해보지만 이런 문제는 하루 이틀 있던 일이 아니다. 공부를 했지만 왠지 TV를 보는 것도 눈치가 보이고, 컴퓨터 게임을 하는 것도 눈치가 보인다. 이때 밖에 나가셨던 아빠가 돌아오신다. 아이는 계속 컴퓨터를 하고 있다. 점점 뒤통수가 따가워진다. 공부도 열심히 했는데 눈치 보면서 쉬어야 하는 우리의 경철이.

이 문제는 경철이만의 문제가 아닌 것 같다. 수업 시간에 이런 이야기를 하면 거의 70% 이상의 아이들이 공감한다. 부모와 아이 사이에 의사소통이 원활하면 문제가 없겠지만 대화가 부족한 집에서는 위에서 말한 아이 공부에 대한 오해로 갈등이 커질 소지가 있다. 학생은 일주일 동안 열심히 공부했다고 생각해서 휴일에는 쉬고 싶어 한다. 그러나 인생을 먼저 살아본 부모는, 공부가 인생에 어떠한 영향을 주었는지 이미 몸으로 체득을 한 터라 아이만은 공부를 잘하길 바란다. 그래서 쉬는 날 놀거나 TV, 인터넷을 즐기는 아이를 가만두고 보지 못한다.

간신히 컴퓨터가 허락되어도 눈치를 보면서 하게 되면 휴식의 순기능인 스트레스 해소는 불가능하다. 부도와 학생 사이의 끝이 보이지 않는 갈등구조다.

해결책은 없을까?

갈등과 오해의 굴레를 벗어나기 위해서는 부모와 아이의 타협이 필요하다. 아이와 타협해서 합의점을 찾고 타협한 내용은 철저하게 이행해야 한다.

중학생이 일요일에 총 3시간을 공부한다고 가정하자. 만약 3시간 동안 감시를 통해 공부하게 한다면 아이는 과연 열심히 할 수 있을까? 다시 한 번 강조하지만, 눈치 보며 수동적으로 공부하는 3시간보다 자신 스스로 공부하는 1시간이 더 효율이 높다.

그럼 아이와 어떻게 타협을 해야 할까? 만약 일요일 3시간을 공부하기로 약속을 했다면, 3시간을 제외한 나머지 시간은 아이 스스로 자유롭게 구성할 수 있도록 자율권을 주어야 한다. 부모는 아이가 공부하기를 원하는 시간대를 협의해서, 아이를 믿고 시간만 관리하는 것이 좋다. 이렇게 되면 아이는 공부하는 시간에는 더욱 집중할 수 있고 쉬는 시간에는 부모 눈치 없이 자유롭게 휴식을 즐길 수 있게 된다. 한 가지 주의할 점은 아이가 공부를 할 때 컴퓨터와 노트북, 핸드폰 등에 접근하지 못하도록 다짐을 받아야 한다는 것이다.

중고생이 되면 부모는 아이의 공부내용까지 통제하기 어렵다. 무작정 '공부 안 하냐!'와 같이 호통치는 것은 이미 초등학교 고학년 시절로 그 효력이 사라져 버렸다. 공부의 핵심은 배운 내용을 이해하고 심화확장해서 자신의 것으로 만드는 것인데 심화는커녕 서로 스트레스만 받을 수 있다. 그렇기 때문에 아이와의 타협이 더욱 중요하다.

학습지에 대한 부모의 평가는 극과 극을 달린다. 학습지를 부정적으로 생각하는 아이와 부모는 대부분 학습지가 밀리거나 방문선생님이 오기 전에 겨우 끝내는 경우가 보통이다. 이렇게 학습지가 밀리면 공부를 하는 아이나 부모나 모두 진이 빠진다. 학습지는 매일매일 정해진 시간에 의무적으로 지도하는 것이 중요하다. 매일 20분 정도면 충분히 할 수 있다. 그리고 선생님께 숙제검사를 맡기는 것이 아니라 매일매일 귀찮더라도 부모가 꼼꼼하게 채점을 하고 공부하는 양을 점검해야 한다.

<h1 style="text-align:right">1등 하는 아이는
어디를 가도 1등 한다</h1>

입시철에 고등학교 앞을 지나다 보면 대학입시 합격생들의 이름이 현수막에 걸려 있는 것을 보게 된다. ○○대학교 합격, ○○권 ○○명 합격 등. 학원도 마찬가지다. 그러나 이러한 수치는 보는 사람을 현혹하는 것이다. 왜냐하면 합격생들 대부분 중복된 경우가 많기 때문이다. 수시든 정시든 서연고대에 합격한 학생의 경우 중복합격이 되는 경우가 일반적이다. 중복입학은 불가능하지만 중복합격은 가능하다. 수시와 정시에서 복수의 원서접수가 가능하기 때문이다. 그래서 학교와 학원은 중복 합격한 학생들을 마치 여러 명이 합격한 것처럼 숫자를 늘려 홍보를 하고 학부모와 학생들은 쉽게 현혹된다. 합격 현수막은 많이 볼 수 있지만 입학 현수막은 별로 볼 수 없는 이유가 여기에 있다.

"우와, 저 학교가 저렇게 대학을 잘 보냈어?"라며 홍보 현수막을 믿을 필요가 없다. 1등을 하는 학생은 어디를 가도 1등을 한다. 마치 그 학교, 그 학원에서 만든 것처럼 하는 광고에 현혹되지 말자.

요즘 일반 고등학교가 울상이다. 자사고와 자율고, 외고, 과학고가 우후죽순으로 생긴다는 이야기 때문이다. 이런 학교들이 지역에 생기면 가장 타격을 받는 학교는 일반 고등학교, 특히 일반 고등학교에서도 상위권 고등학교가 된다. 물론 진학률이 높고 전통이 있는 강남 쪽 고등학교는 미미한 영향을 받겠지만, 강북이나 지방의 상위권 일반 고등학교는 큰 타격을 받을 것이다.

올해 대입 입학생들을 학교별로 분석해보라. 최상위권 대학교의 절반은 위에서 언급한 학생들이 차지한다. 전국 등수 상위 3%의 학생이 최상위권 대학교에 입학하는데 대부분 자사고, 외고, 과학고 학생들이다. 비관적인 것은 지방의 명문 고등학교라고 일컬어지는 학교에서는 과거보다 서울대에 입학하는 비율이 충격적인 수준으로 낮아졌다는 것이다. 이런 상황을 부모들은 대부분 알고 있다. 그렇다면 실력 있는 아이를 둔 부모는 과연 아이를 어느 고등학교로 보내겠는가? 당신의 자녀라면 과연 지역의 명문 고등학교에 보내겠는가?

좋은 대학이 곧 성공이라는 공식이 진리가 되어버린 우리나라 사회에서, 경제적인 부담이 상당하더라도 부모는 아이를 특목고, 자사고에 보내려고 할 것이다. 여기에 이런 이야기도 보태진다.

'어차피 일반 고등학교 다니면서 사교육비로 내는 돈이나, 특목고나 자사고에 부담하는 돈이나 비슷해.'

과연 강남을 제외한 지역과 지방의 일반 고등학교에 희망은 없을까?

위에서 말했던 것처럼 특목고에서 잘 가르쳐서 학생이 좋은 대학교에 가는 것은 아니다. 아이가 원래 뛰어났던 것이다. 특목고와 최상위권 고등학교에서도 목에 힘줄 필요는 없다. 학원에서도 전교 1등 한 것에 대해 광고하거나 자랑을 하지만 학원의 노력보다 개인의 노력과 능력이 뛰어났던 것이 가장 큰 원인으로 작용한 것이다. 자원이 좋았다는 말이다. 자원이 좋다는 것은 아이가 똑똑하다는 말이지 지능이 높다는 말은 아니다. 아이의 똑똑함은 초등학교, 중학교 때 어떻게 학습해왔는가에 달렸다.

부모도 아이를 믿는다면 굳이 특목고에 아이를 보낼 필요는 없다. 일반고를 다니면서 좋은 내신점수도 확보하고 사교육을 통해 수능도 준비하면 특목고에 진학했을 때보다 좋은 결과가 나올 수 있다. 중요한 것은 자신이지 학교가 아니다.

특목고로 몰리는 아이들을 일반고에서 잡을 방법은 없다. 그렇다면 일반고에서는 인정할 것은 인정하고, 열정을 갖고 성적을 올려 좋은 대학교에 보내는 것을 명예와 자랑으로 삼아야 한다. 그것이 불쾌하고 자존심 상한다면 한 반 정도 외국 명문대 진학반을 만들어 운영하는 것도 방법이 될 수 있을 것이다.

초등학생을 두고 있는 부모들은 이런 상황을 이해하고 특목고에 보내기 위한 몰입교육보다 다양한 배경지식과 고난도의 사고 활동을 할 수 있도록 아이를 장기적인 관점에서 교육하는 것이 중요하다.

한부모 가정을 위한 이야기

얼마 전에 자전거 하나 달랑 메고 일본 최북단 섬인 홋카이도를 홀로 여행한 적이 있다. 여행을 계획하는 몇 년 동안 홋카이도 지도를 학원 사무실 벽에 붙여놓고 마음속으로 여행을 다녔다. 그렇게 마음속으로 홋카이도를 달리면 세상의 온갖 시름과 스트레스가 날아가는 느낌이었다.

홋카이도 여행 2일째였다. 홋카이도의 북부 해안을 달리고 있었다. 홋카이도의 북부는 그곳에서도 오지로 통하는 곳이라 몇 시간을 달려도 사람을 구경하기 쉽지 않았다. 마실 물도 떨어져 가는 오후, 마침 길가에 수산물도 팔고 아이스크림도 파는 가게가 있었다. 가게는 생각보다 작았다.

가게 안에는 '마에가와' 라는 여성과 딸아이가 있었다. 홋카이도의 모든 것을 신기해하던 나보다, 한국인을 처음 본다며 더 신기해하는 마에가와. 마에가와는 내게 왜 홋카이도를 여행 하느냐? 힘들지는 않으냐? 아이는 몇 학년이냐? 질둔을 끊이지 않고 했었다. 다행히 더듬거리는 일본어와 손짓 발짓, 그리고 전자사전의 도움으로 어렵지 않게 수다를 떨 수 있었다. 마에가와는 아직 서른 살이 넘지 않았다. 딸아이의 나이는 여덟 살, 그러니까 마에가와는 20대 초반에 결혼해서 아이를 낳아 기른 거다. 마에가와의 남편이 보이지 않아서 나는 괜한 질문을 했다.

"마에가와, 남편은 어디 있어요?"

마에가와는 잠시 생각하다 마임을 하기 시작한다. 손으로 남편의 모습을 그리고 '바이바이' 라고 말하면서 우스꽝스럽게 손을 흔든다.

이혼했다는 이야긴가 보다. 아이가 옆에 있는데 괜한 얘기를 한 것 같아 자책하고 있는데 아이는 엄마의 몸짓이 웃긴지 웃으며 좋아한다. 마에가와는 정말로 이혼에 대해 초연한 듯 보였다. 딸아이가 옆에 있기 때문에 이혼한 것에 대해 아무렇지 않은 모습을 보인 것인지도 모르겠다.

학원에서도 한부모 가정의 아이를 자주 본다. 엄마와 함께 살지만 학원비는 아버지가 부담하는 집도 여럿 있었다. 한부모 가정의 아이들은 크게 두 유형으로 나눌 수 있다. 부모가 이혼했다는 것을 자연스럽게 말하는 아이와 콤플렉스가 되어 끝까지 숨기려는 아이. 자연스럽게 말하는 아이들의 부모는 이혼했다는 사실을 아이에게 당당하게 말하고 서로 의사소통을 확실히 한다.

'내가 이혼을 했기 때문에 이런 부분은 이렇게 힘들다.' 와 같이 확실하게 아이에게 표현한다. 이런 가정의 아이는 부모의 이혼을 부끄럽게 생각하지 않는다. 그러나 부모의 잘못된 가르침으로 이혼이 콤플렉스가 된 아이들은 부모와의 관계가 좋지 못하다. 관계가 좋지 않음을 떠나서 통제가 되지 않거나 부모를 멀리하려고 한다. 이런 가정의 부모는 자신이 이혼했다는 사실을 아이에게 미안해한다. 이혼은 창피한 것이 아니다. 설사 그런 마음이 있더라도, 적어도 아이에게는 그런 마음을 들키지 말아야 한다. 그리고 아이에게 경제적으로 큰 역할을 못하거나, 직장 문제로 아이와 함께 하는 시간이 적더라도 어쩔 수 없는 상황이었다면 미안해하지 말아야 한다. 속으로 분명 미안하고 눈물이 나더라도 아이에게는 드러내지 말아야 한다. 이혼은 이제 자연스러운 사회현상일 뿐이다. 부모가 당당해야 아이도 당당해진다.

아이의 이성 친구와 친해지자

시험이 끝나고 고1 아이들을 데리고 분식점에 떡볶이를 먹으러 갔다. 시험 준비를 열심히 한 것이 대견하기도 했지만, 그것보다 준비 기간에 아이들에게 윽박지르고 다그쳤던 것이 미안했기 때문이다. 이런 것을 당근과 채찍이라고 한다. 아이들에게 채찍만 가하면, 안 그래도 숨 막히는 시험에 스트레스만 더해져서 득보다는 실이 커진다. 관계도 좋아질 수 없다. 그렇다고 당근만 주게 되면 아이들은 더 큰 당근을 요구하거나 현재의 당근이 소중하다는 것을 느끼지 못한다. 사냥이 끝나고 나서 사냥개에게 사냥물 일부를 나눠주듯이 시험이 끝난 아이들에게도 작은 해방이 필요하다. 이런 것을 연애 전문용어로 '밀고 당기기'라고도 하는데 아이들과의 관계에서도 적용된다.

중간고사가 끝난 그날도 아이들과 함께 수다를 떨며 음식을 기다리고 있었다.

"선생님… 저…질문 있는데요. 여쭤 봐도 될까요?"

평소에 소심하고 말이 없는 용현이가 무언가 다짐한 듯 입을 열었다. 함께 간 다른 아이들은 이미 용현이가 말하려는 내용을 알고 있는 듯했다. 용현이가 계속 주저하자 옆에 있는 대성이가 한마디 거든다.

"선생님, 용현이가 지희를 좋아한대요."

대성이의 폭로에 용기가 났는지 용현이는 맘속에 담아 놓은 말을 풀어놓기 시작했다. 지희는 용현이와 같은 학교 아이로 학원에서도 같은 반에서 수업을 듣는, 예쁘장하고 누구에게나 친절한 아이였다. 용현이의 고민은 지희가 너무나도 좋은데 고백하기가 두렵다는 것이다.

어떤 조언을 해줄 것인지 고민이 되었다. 조직 내에서 연애는 긍정적인 면보다 부정적인 면이 더 크기 때문이다. 특히 둘 사이의 관계가 나빠지면 전체 분위기도 가라앉고 누군가 하나는 큰 상처를 받을 수 있기 때문이다. 게다가 현재 아이들이 고등학생이었기 때문에 더 고민이 되었다. 학원 수업에도 지장을 받을 수 있기에, 좋은 대학에 입학한 후에 당당한 모습으로 고백하라는 고전적인 답안을 들려주었다.

"용현아, 지금은 공부가 더 중요한데 만약 사이라도 좋지 않아지면 어쩌려고 그러니?"

용현이는 나의 말에 긍정도 부정도 하지 않고 난처한 표정을 짓고 있었다. 이때 불쑥 한마디 하는 대성이.

"선생님! 이성 친구가 있으면 더 좋지 않을까요? 함께 공부하면 더 열심히 공부할 수 있고 서로에게 격려가 될 수 있잖아요."

나중에 알고 봤더니 당시 대성이는 같은 학교에 여자친구가 있었다. 그래서 이성 친구에 대해 긍정적으로 생각했던 것 같다.

예전에 아이들 사이에서 이성 친구 만들기가 유행했던 적이 있었다. 아이들은 '투투' 와 '백일' 을 이성 친구 간의 가장 특별한 행사로 기념했었다. 투투(사귄 지 22일이 되는 날)가 되면 주위 친구들이 2,200원을 사귀는 아이들에게 주기도 하고 함께 놀러다니기도 했다. 투투는 거의 사라졌지만 백일만큼은 지금도 특별한 이벤트가 벌어지기도 한다.

용현이는 결국 지희에게 고백을 하지 못했다. 그러나 소문은 돌고 돌아 지희의 귀에도 들어갔다. 지희가 대학에 입학하기 전까지 이성 친구를 만나지 않겠다고 해서 사건은 마무리되었다.

문제는 대성이었다. 대성이의 여자친구는 이성에 대한 집착이 심한 편이었다. 하루는 수업을 하고 있는데 대성이의 표정이 어둡고 초조했다. 핸드폰을 주머니 속에서 꼼지락거리는 모양을 보아하니 무슨 일이 생긴 모양이었다. 결국 학원이 끝나고 집으로 돌아가는 길, 대성이의 여자친구는 학원 앞에서 대성이를 노려보며 기다리고 있었다. 전설의 고향에서라도 나올법한 표정으로 말이다. 대성이는 고양이 앞의 생쥐처럼 여자친구의 손에 끌려갔다. 시간이 흘러 결국 여자 친구와 헤어졌지만 헤어지는 과정에서 대성이는 많은 스트레스를 받았으며, 학업에 좋지 않은 영향을 받았다. 졸업할 때 즈음 대성이에게 이런 질문을 했었다.

"대성아, 어떠냐? 고등학생에게 이성 친구가 필요한 것 같니?"

그냥 웃으며 고개를 절레절레 흔드는 대성이.

1년 뒤 대학생이 된 대성이를 다시 만나게 되었다. 밥을 먹으며 다시 이성 친구에 대해 이야기를 나누게 되었다. 그러나 놀라운 것은 대성이의 생각이 다시 한 번 변해있었다는 점이다.

"선생님, 지금 생각해보니 고등학교 때 이성 친구가 있었던 것이 후회되지는 않아요. 오히려 더 좋았던 것 같아요."

놀라운 반전이다. 공부에는 방해가 되었지만 전체적으로 자신에게 좋은 경험이 되었다는 것이 대성이의 생각이었다. 대성이는 여자 친구가 있는 것이 재미없는 학교생활에 활력이 되었다고 한다.

그리고 더 멋진 사람이 되기 위해 본인 스스로 노력하게 되었고 나중에 다른 사람을 사귈 때 도움이 되었다고 한다.

아이의 이성 친구를 어떻게 생각해야 할까?

앞에서 말했던 것처럼 이성 친구는 학업을 놓고 보면 좋은 점보다 나쁜 점이 많다. 공부시간에 문자를 주고받거나 자주 만나게 되고, 자신을 규제하지 못하게 된다면 유혹에 약한 나이다 보니 문제가 커질 수 있다. 그러나 아이가 이성 친구에 대해서 관심을 갖는 것 역시 당연한 현상이다. 그런 관심을 억지로 금지만 한다면 의도와는 다르게 좋지 않은 방향으로 흐를 수 있다. 하지 말라고 하면 더 하고 싶은 것이 인간의 심리다. 과거의 '다리몽둥이를 부러뜨려 버린다.' 라는 위협은 더 이상 통하지 않는다.

이성 친구를 막을 수 없다면 인정해야 한다. 그리고 그것이 아이에게 좋은 영향으로 작용하게끔 이끌어야 한다. 앞서 대성이의 말처럼 분명히 좋은 영향도 있다. 학원어서도 이성 친구가 있는 아이와 없는 아이는 겉모습만 보아도 차이가 있다. 말투나 행동에서도 자신감이 느껴지고 눈빛이 강렬해진다. 어른들은 이런 아이들을 겉멋 들었다고 하겠지만, 어차피 인생은 경쟁이 아니던가? 경쟁력 있는 겉모습과 자신감은 나쁜 것이 아니다.

아이가 부모에게 이성 친구가 생겼다고 고백하는 것은 쉬운 일이 아니다. 만약 아이가 부모에게 직접 말을 했다면 바로 야단치기보다는 이해하려고 애쓰는 모습을 보여주는 것이 좋다. 그리고 아이에게 도움이 되는 방향으로 유도한다면 부모가 우려하는 일은 발생하지 않을 것이다.

아이의 이성 친구를 집으로 초대한다든지, 함께 밥을 먹으면서 친해지는 것도 건강한 이성 관계가 형성되는 데에 도움을 줄 수 있다. 그러나 역시 아이들은 유혹에 약하고 절제가 힘들기 때문에 반드시 지켜야 할 가이드 라인을 만드는 것이 좋다. 아이들의 나이에 따라 구체적 규칙이 달라지겠지만 일반적인 중고생의 가이드라인은 다음과 같다.

1. 어른이 없는 집에 둘만 있지 못하게 한다.
2. 이성 친구를 만날 때는 부모에게 미리 이야기하도록 한다.
3. 문자와 통화시간은 요금제를 통해 규제한다.

중요한 점은 아이의 가장 친한 동성 친구를 부모의 편으로 확실히 만들어야 한다는 것이다. 아이와 연락이 되지 않을 때, 그리고 아이에게 문제가 있을 때는 아이의 가장 친한 친구에게 현재 상황을 들는 것이 가장 좋은 방법이다. 부모가 아이를 믿는 것은 당연하지만, 감수성이 풍부하고 어울리는 친구들에게 영향을 많이 받는 때이기에 부모의 믿음만으로 아이를 그냥 두기에는 럭비공처럼 어느 쪽으로 튈지 모르는 변수가 많다. 예방의 차원에서라도 아이의 가장 친한 동성 친구를 부모 편으로 만들어두는 것이 여러모로 유용하다.

아직도 대성이의 말이 머릿속에 남아 있다. 부모들도 가슴에 새길 말이다.

"선생님, 누군가에게 관심을 받을 수 있고 또 관심을 준다는 건 정말 좋은 일인 것 같아요."

술과 담배는 절대악이다

1년에 한 번씩은 대학교 신입생 환영회에서 과음으로 안타깝게 목숨을 잃는 젊은이들을 본다. 행사를 주최했던 선배들이 무릎을 꿇고 사죄를 한다지만 무슨 의미가 있겠는가. 진심으로 사과해도 자식 잃은 부모의 심정을 누가 알아주겠는가.

술과 담배는 절대악이다. 한두 번 호기심으로 맛만 보고 멀리한다면 문제가 되지 않겠지만 그런 호기심이 자칫 잘못하면 중독으로 이어진다. 인터넷 게임과 이성 친구 문제는 아이들의 마음을 헤아려주며 이해해줄 수 있겠지만, 흡연과 음주는 절대 인정할 대상도 아니고 타협의 대상도 아니다. 인터넷 게임은 그나마 스트레스 해소와 아이들의 문화라는 점에서 긍정적인 면이 있지만, 술과 담배는 그렇지 않기 때문이다.

대한민국 청소년들의 흡연과 음주 문제는 어제오늘의 일이 아니다. 20~30년 전에도 청소년의 흡연과 음주는 문제가 되었다. 그것을 해결하지 못해서 우리나라 중년층 돌연사의 가장 큰 원인이 되는 심근경색이 점점 증가하고 있고 암 발병률도 증가하고 있다. 지금 자라는 아이들도 언젠가는 나라의 기둥이 되고 한 가정을 이루는 주체가 된다. 그런데 지금처럼 흡연과 음주가 줄지 않는다면 20년 뒤의 우리 아이들의 미래가 위태로워질 수도 있다.

고려대 의대 소아과 박상희 교수팀이 조사한 청소년 음주 실태에 따르면, 조사 대상인 청소년 1,034명 중에 48.2%(남 52.1%, 여 38%)가 음주 경험이 있다고 했다. 술을 처음 권한 사람으로는 친구가 46.3%로 가장 많았고, 30.1%는 부모님으로부터 배웠고, 친척은 11.6%로 나타났다고 한다. 음주 시작 연령은 14.1세로 조사되었으며, 음주자로 분류된 학생 중 55.8%(102명)는 한 달에 3일 이상 술을 마신다고 답했다고 한다. 사흘에 한 번 이상 술을 마시는 비율도 25.1%(46명)나 됐으며 부모와 함께 술을 마신다는 응답도 18.5%에 이르렀다고 한다.

1,512명(남 1,114명, 여 398명)의 청소년을 대상으로 한 흡연 조사에서는 흡연 경험이 있는 학생은 29.2%(남 32.9%, 여 18.8%)로 조사되었고 흡연 시작 연령은 13.8세로 나타났으며, 현재 흡연자 중

51.8%(116명)가 매일 담배를 피우고 있다고 한다.

청소년 음주와 흡연의 가장 중요한 것은 예방과 선도다. 다음은 술과 담배를 했던 아이와의 대화이다.

질문: 요즘 고등학생들 담배 많이 피우니?

학생: 네, 많이 피우고 있어요.

질문: 친구들이 보통 어떤 계기로 시작되었니?

학생: 대부분 친구 따라서 피우게 된 것 같아요.

질문: 근데 담배를 피우는 이유가 뭐니? 스트레스 때문이니?

학생: 거의 호기심 때문에 접하게 되고 담배를 무는 것도 멋있고 피우는 모습도 멋있는 것 같아요. 대단한 사람이 된 것 같기도 하고요.

질문: 흡연에 대한 너의 생각은 어떠니?

학생: 별로 좋지 않은 것 같아요. 건강도 나빠지고 공부도 잘 안 되고 집중력도 떨어지는 것 같아요.

질문: 그럼, 어른들이 강제로 제재해야 한다고 생각하니?

학생: 아니요. 강제로 금연을 요구하는 것보다 옆에서 격려해주고 도와주어야 할 것 같아요.

질문: 그렇구나. 그럼 술은 어떠니? 언제 주로 마시니?

학생: 담배에 비해서 술은 덜 하는 것 같아요. 저는 고3 때부터 마시기

시작했는데 제 경우는 영어책에 붙어 있는 숫자로 주민등록증의 숫자를 바꿔 변두리 술집에 가거나 슈퍼에서 사서 한적한 정자에서 먹곤 했어요. 보통 중간고사나 기갈고사가 끝날 때 먹었어요.

질문: 술 마시는 것도 어른들의 제재가 필요하다고 생각하니?

학생: 제 생각에는 아무리 얘기해도 말리지 못할 것 같아요. 고등학생은 술을 마실 장소도 없고 단지 어른들처럼 똑같이 행동해 보이고 싶어서 마셔요. 그래서 제재보다는 고등학생이 되었을 때 아버지가 집에서 조금씩 술을 가르쳐 주시면 혹여나 친구들과 마시더라도 나쁜 행동은 하지 않을 것 같아요.

아이들에게 문제가 되는 인터넷 게임, IT 기기들, 술과 담배…. 이 모든 것들은 중독이 쉽게 된다는 공통점이 있다. 이성적이라는 어른도 쉽게 빠져들고, 절제하기도 어려운데 자제력이 더 떨어지는 아이들이야 오죽하겠는가. 중요한 점은 중고등학생 때 음주와 흡연을 시작한 아이들은 어른이 되어드 쉽게 끊지 못한다는 것이다. 그래서 중고등학생 때의 선도는 무엇보다 중요하다.

청소년 음주와 흡연, 어떻게 선도해야 할까?

앞에서 확인한 것처럼 청소년의 술과 담배는 대부분 호기심과 친구의 영향을 받아 시작된다. 친구 때문에 음주와 흡연을 시작하게 되었다면 선도하는 것 역시 친구에서부터 출발하면 성공할 확률이 높아진다. 아이들은 술을 마시고 담배를 피우면서 일탈이 주는 해방감을 느끼기도 하지만 사실 마음 한구석에는 '내가 이걸 해도 되나?' 라는 죄책감과 망설임이 혼재한다. 그 여지를 파고들어야 아이들의 절제에 도움을 줄 수 있다. 그것을 할 수 있는 사람은 아이의 친한 친구와 멘토다. 술과 담배를 부모에게 들키지 않으려는 아이들은 항상 불안하다. 이때 친한 친구가 담배를 끊는다면, 술자리를 피한다면, 아이의 불안함은 더 상승한다.

'나 혼자 피우는 건가?'

일단 이렇게 생각하게 되면 절반쯤 성공했다고 볼 수 있다. 이런 불안한 마음이 생기기 시작했을 때 멘토가 등장해서 조언을 해주면 아이는 자신의 행동을 다시 생각하게 된다.

아이가 3~4명의 친구들과 어울려 다니며 술, 담배를 하는 경우라면 이야기는 달라질 수 있다. 아이 혼자 훈계를 통해 금연하게 되었다고 해도 친구들에 휩쓸리게 된다. 어른들 사이에서도 한 사람이 금연을 시도하면 격려를 하기보다는 어떻게든 유혹해서 금연을 하지 못하게 하는 경우가 있다. 자신만 담배를 피우게 되는 것이 아닌가 하는 불안감과 이기심 때문이다. 아이들 역시 마찬가지다. 오히려 불안감이 더 크기 때문에 술, 담배를 하는 아이들 사이에는 더 강한 연대감이 작용한다. 이런 경우는 아이 한 명을 대상으로 접근하기보다 집단 단위로 접근해야 한다. 친구들을 모두 초대해서 진지하게 대화를 하는 것도 효과를 볼 수 있다. 또는 아이 친구의 부모와 만나고 함께 대응해서 음주와 흡연으로 연결된 아이들의 고리를 약하게 만드는 것도 좋은 방법이 될 수 있다.

끔찍한 일이지만, 초등학생의 음주와 흡연이 증가하고 있는 것이 현실이다. 초등학생의 경우는 평소에 술과 담배에 대해 경각심을 일러주는 것이 좋다.

"술, 담배 입에 대기만 해봐! 너는 집에서 쫓겨날 줄 알아!"

이렇게 강경하게 한다고 해서 아이가 술과 담배를 멀리할 수는 없다. 술과 담배의 부정적인 면에 대해서 어릴 때부터 각인시켜야 한다. 그리고 술과 담배가 아이의 꿈에 방해가 될 수 있다고 말해줘야 한다. 이때는 감성적으로 말하기보다 실제 어떤 문제가 되는지 객관적으로 설명해주는 것이 중요하다.

학교에서는 대부분 강제적으로 아이들의 흡연과 음주 문제를 대처한다. 선생님은 술, 담배를 좋아하면서 아이들에게 일방적으로 금연과 금주를 강요하면 설득력도 떨어지고 웃음거리만 될 뿐이다. 부모 역시 마찬가지다. 아이가 그런 문제를 안고 있다면 반드시 금연을 하고 음주를 절제해야 한다.

아이가 따돌림을 당한다면

아이가 예전보다 조용해졌거나 짜증이 늘었다면 어떻게 해석해야 할까? 갑작스러운 아이의 변화를 단순히 히스테리나 스트레스로, 또는 사춘기의 흔한 감정 정도로 치부할 수 있을까? 아이가 갑자기 짜증이 늘었다면 아이에게 문제가 생긴 것이다. 이럴 때는 아이에게 어떻게 접근하는가가 중요하다. 아이의 짜증 수위가 점점 높아진다면 아이의 친구를 통해서 정보를 얻는 것이 좋다. 조금 더 자세한 정보를 얻기 위해서 담임선생님에게 조언을 구하는 것도 좋은 방법이다.

만약 문제의 원인이 왕따라면 쉽게 해결될 문제가 아니다. 왕따라는 것은 아이들 사회 내부의 은밀한 문제이므로 어설프게 접근하고 개입하면 해결은커녕 상황만 악화시키기 십상이다.

보통 왕따 현상은 남학생보다는 여학생들 사이에서 자주 일어난다. 남학생들의 경우는 한 번 웃고 말거나 싸우고 나서 해결되는 것이 대부분인데 여학생들의 경우는 그리 단순하지 않다. 우리 학원에서도 비슷한 일이 있었다. 당시에 중1 여학생들이 한 반을 이루고 있었다. 민혜라는 똑똑하고 발표도 잘하는 아이가 있었는데, 민혜는 똑똑한 것에 비해 눈치가 없는 편이었다. 그래서 항상 아이들의 구박 대상이 되었다.

민혜에 대한 따돌림의 순서는 이러했다.

수업 시간에 선생님의 질문에 민혜가 대답을 한다. 다른 아이가 정답을 맞혔다면 탄성과 환호성, 칭찬의 소리가 나왔을 텐데, 민혜가 문제를 맞히면 모두 침묵을 지킨다. 반대로 틀리기라도 하면 여기저기서 '치~' 하는 코웃음 소리가 들린다.

쉬는 시간 역시 마찬가지다. 어떨 때는 민혜만 남겨두고 모두 나가버린다. 이런 일들이 반복되면 민혜도 어느 정도 눈치를 챈다. 하지만 누구한테 얘기하기도 쉽지 않은 문제라는 것을 자신이 제일 잘 알고 있다. 문제를 해결하기 위해 아이들 중에서 이야기가 통하고 리더십이 있는 아이를 불러서 차근차근 이야기하면 따돌림 현상은 2~3일 정도 잠잠해진다. 그러나 얼마 시간이 지나지 않아 다시 처음처럼 되어버린다. 이런 상황을 해결할 방법은 단 두 가지다.

첫 번째는 민혜가 아이들에게 숙이고 들어가서 그 속에서 적응하는 것이다. 어른 사회에서는 흔히 보이는 현상이기도 하고 대수롭지 않게 생각하고 넘어갈 수 있는 일이지만 민혜와 같이 아직 어린 나이에서는 이런 상황 자체가 왜 일어나는 것인지 이해하기 어렵고, 민혜의 자존심이 상처를 입을 수도 있기 때문에 쉽게 추천할만한 방법은 아니다.

두 번째는 가장 확실한 방법으로 왕따를 시키는 무리에서 민혜를 떨어지게 하는 것이다. 학원의 경우는 학교와 달리 그만두면 서로 멀어지기 때문에 쉽게 해결할 수 있는 방법이다. 따돌림의 상처를 받는 것보다는 차라리 피하는 것이 낫다.

왕따 문제는 시간이 길어질수록 괴롭힘도 심해지고 아이가 정신병을 앓을 정도의 스트레스를 받게 된다. 본인에게 잘못이 있다면 고쳐야겠지만, 이유 없는 괴롭힘이라면 부모가 적극적으로 나서서 괴롭히는 무리에서 자녀를 반드시 떼어 놓아야 한다.

현실성 없는 꿈은 잘못된 꿈일까?

지금은 PC방에 가면 아케이드게임부터 어드벤처, 스포츠, 전략 등 다양한 게임을 즐기지만 2000년대 초반까지만 해도 게임은 무조건 스타크래프트였다.

2002년으로 기억한다. 당시 중3 아이들과 친하게 지냈는데, 아이들이 나와 말이 잘 통해서 오랫동안 기억에 남는다. 당시 스타크래프트를 매우 잘하는 아이가 한 명 있었다. 게임이라도 함께 하게 되면, 모두 그 친구와 같은 편이 되고 싶어 했다. 나도 그 아이와 가끔 1:1 대결을 했는데 한 번 빼고 이겨본 적이 없다. 그나마 한 번 이긴 것도 아이가 봐줬던 거였다. 그 아이는 게임을 잘하는 아이 3명이 한꺼번에 덤벼도 모두 물리칠 정도로 실력이 뛰어났다.

어느 날 이 아이가 내게 상담을 신청해왔다. 아이의 말을 간추리

자면, 자신은 프로게이머가 꼭 되고 싶다는 것이었다. 아이는 그냥 하는 소리가 아니라는 듯 포부도 당당했다. 난감했다. 아이가 게임을 잘하기는 하지만 이 아이처럼 날고 기는 학생들이 전국에 한둘이 아닐 텐데 도대체 왜 프로게이머를 하겠다는 것인지. 직업으로서의 미래가 확실해 보이지도 않았고 중3이라는 중요한 시기에 딴 생각을 하는 것 같아 걱정이었다. 그래서 나는 아이의 예봉을 꺾기 위해서 이렇게 말을 했다.

"네가 게임 잘하고 즐기는 것은 아는데, 네가 이곳에서 1등이라고 해도 전국으로 확대해보면 최상위권에 들 거라고 장담할 수 있겠니? 이런 불확실한 상황에서 꼭 프로게이머가 돼야 하겠니?"

보통 아이들과 직업에 대해 상담을 하면 아이의 가능성을 인정하고 용기를 주고 방향을 제시해주는 편인데, 프로게이머라는 직업적 특수성 때문에 아이의 꿈을 무시하는 모진 말을 할 수밖에 없었다. 사실 프로게이머만큼 미래가 불안한 직업군도 드물다. 지금은 유행을 해도 언젠가 다른 게임이 지배할 날이 올 것이기 때문이다. 그리고 언제까지나 현역에 남을 수도 없고 은퇴한다고 모두 코치가 되는 것도 아니기 때문이다. 그리고 게임이 바뀌는 것을 넘어 게임의 패러다임 자체가 바뀔 수도 있기 때문이다. 옛날 타자수들이 컴퓨터에 의해 사라졌듯이 말이다.

아이는 나의 말을 듣고 실망한 눈빛이 역력했다. 그러나 아이는 내 말에 개의치 않고 더 큰마음을 품고 프로게이머의 세계에 발을 들여 놓았다. 학업을 거의 접고 프로게이머의 세계로 떠난 종수. 그렇다, 아이의 이름은 종수다. 박종수.

종수는 그 후 프로게임단에 입단하더니 2004년에는 스타크래프트 프로리그 통합 신인왕에 올랐다. 그리고 프로게이머 세계에서는 전설로 통하는 이윤열, 전태규와 같은 정상급 선수를 이기는 종수의 모습도 TV를 통해 볼 수 있었다.

이제는 선수 겸 코치로 제2의 프로게이머 인생을 살고 있는 종수. 가끔 메신저를 통해 내가 보고 싶다며 찾아오겠다는 말을 남길 때마다 종수에게 미안한 마음이 든다.

아이들은 누구나 가능성이 있다. 어른이 보기에 아이가 비현실적인 꿈을 꾸는 것 같아도 아이에게는 그것이 무엇보다 현실적이다. 누구나 생각하는 터무니없는 꿈을 품고 있다고 해도, 시간이 지나서 아이의 꿈이 변한다고 해도 그것이 아무 의미가 없는 것은 아니다. 꿈을 가슴에 품고 있다는 사실 자체가 중요하기 때문이다.

부모가 아이의 현재 상황과 능력만 보고 아이의 꿈이 불가능하다고 예단한다면 아이는 꿈을 꾸지 않게 될지도 모른다. 이것이야말로 정말 좋지 않은 결과이다. 아이들의 꿈이 구체적이지 않고 비현

실적이더라도 계속 꿈을 키워나갈 수 있도록 하자. 그 꿈으로 아이
는 한층 더 성장할 수 있다.

스스로 하지 못하는
아이들을 위한 이야기

용훈이라는 학생과의 이야기다. 용훈이는 3대 독자로 귀하게 자랐다. 할머니와 함께 살면서 어릴 때부터 귀여움을 혼자 차지했다. 용훈이의 말로는 어린 시절 밥을 먹을 때 한 번도 스스로 젓가락질을 해본 적이 없다고 한다. 그렇게 할머니의 사랑을 듬뿍 받으며 자라서인지 용훈이는 구김살도 전혀 없이 천진난만하고 밝은 아이였다. 하지만, 과연 그런 사랑이 용훈이에게 좋은 영향만 미친다고 할 수 있을까? 사랑을 많이 받으면 정서적으로 안정될 수 있다. 그러나 아이가 스스로 해야 할 일까지 모두 대신해주는 것은 사랑이 아니다.

용훈이가 고등학교에 진학할 때 학원에서 1박 2일로 오리엔테이션을 다녀온 적이 있었다. 고등학교에서의 공부방법과 대학진학에 대한 오리엔테이션이었다. 오후 수업이 끝나고 저녁을 먹고 나서 아이들과 함께 저녁 설거지 당번을 정하는 게임을 하기로 했다. 젠가 놀이(나무 블록을 쌓아놓고 중간에서 하나씩 빼서 맨 위층에 다시 쌓아 올리는 보드 게임)를 해서 당번을 정하기로 했는데 세 번의 게임에서 모두 용훈이가 걸려 설거지를 해야 했다. 용훈이는 손으로 하는 모든 것이 정교하지 못했다. 어릴 때부터 젓가락질 한 번 제대로 해보지 않고 자란 영향 때문이 아닌가 생각했다. 그런데 가만히 생각해보니 이 문제는 단순히 서투른 젓가락질의 문제로만 넘길 것이 아니었다. 용훈이는 스스로 할 수 있는 게 거의 없었다. 학원에서 어떠한 과제를 내주면 항상 친구에게 풀어가는 방법을 물어보았다. 과제가 주어지면 먼저 스스로 문제를 해결하려는 의지를 갖고 주도적으로 실행해야 하는데 용훈이는 문제를 받자마자 친구들에게 의존하려는 모습을 자주 보였다. 용훈이에게 필요한 것은 수학문제 풀이가 아니었다. 자신에게 문제가 주어졌을 때 스스로 해결하고자 하는 의지를 키워주는 것이 더 중요했다.

고심 끝에 나는 축구라는 카드를 빼어 들었다. 축구는 용훈이가 유일하게 좋아하는 운동이다. 나는 축구를 통해 용훈이가 스스로 하는 능력을 키울 수 있다고 생각했다. 용훈이는 나의 권유에 따라 아이들과 함께 정기적으로 축구를 하는 모임을 만들고 그 모임의 회장직을 맡았다. 용훈이의 어머니는 고등학생인 용훈이가 축구에 빠지는 것을 경계하셨지만 나는 어머니께 축구만큼은 허락해 달라는 편지를 드렸다. 용훈이는 그 후 고3이 되기 전까지 축구모임의 회장을 하면서 유니폼도 맞추고 다른 팀과의 경기도 주선하면서 팀을 이끌었다. 처음에는 어색하고 일 처리도 명확하지 않아서 아이들에게 구박도 받았지만 조금씩 팀을 이끌면서 용훈이는 스스로 할 수 있는 아이로 변해갔다. 얼마 전에 학원에 찾아온 대학생 용훈이는 고등학생 때보다 더 자신감 있고 여우로운 모습이었다.

아이들은 누구나 스스로 할 수 있다. 그러나 행동이 서툰 아이들을 보면 부모는 답답함을 참지 못하고 아이들의 일을 직접 나서서 챙기게 된다. 조부모의 경우는 아이가 한없이 귀엽고 대견해서 아이 혼자서 충분히 할 수 있는 일도 직접 해주신다. 그러나 답답하다고, 귀엽다고 어른이 직접 나서서 해주면 안 된다. 어른의 눈에는 옷 입고 밥 먹는 일이 사소한 것이지만 아이들에게는 모든 것이 배워가는 과정이기 때문이다.

자기 행동에 대한 믿음을 받지 못한 아이는 어른이 되어서도 자신이 하는 행동에 대해 확신을 하지 못하그 망설일 때가 많다. 그리고 어릴 때처럼 누군가 와서 해주길 바라게 된다. 아이들의 행동이 서툴더라도 아이가 직접 행동을 마칠 때까지 믿음을 갖고 기다려

주어야 한다.

대화를 할 때도 마찬가지다.

> "용훈아, 오늘 학교에서 뭐했니?"
>
> "축구."
>
> "축구했다고? 재밌었겠다. 어느 팀이랑 했니? 반 아이들끼리 했니?"
>
> "옆 반이랑."
>
> "옆 반이랑 해서 이겼어? 몇 대 몇인데?"
>
> "무승부."
>
> "아쉽다. 다음에는 더 잘해서 이겼으면 좋겠다."

아이와의 대화가 원활한 것처럼 보이지만 사실 이 대화는 30점짜리 대화다. 부모의 입장에서 보았을 때 '아이는 학교에서 옆 반 아이들과 축구를 했고 결과는 무승부였으며 아이에게 용기를 북돋아 준 것'이라는 내용이지만, 아이는 단지 엄마의 질문에 대답했을 뿐이다. 아이와 대화를 할 때는 작은 감정을 잡아내고 진실해야 한다. 그리고 아이가 스스로 이야기를 진행할 수 있도록 기다려 주어야 한다. 어릴 때부터 단답식으로 아이의 말을 끊으면 아이는 중고등학생이 되어서도 완성된 한 문장을 구사하기 힘들어진다. 이야기하는 능력이 떨어질 수 있다는 말이다. 특히 발표할 때 머뭇거리게 되고 단어 선택능력도 떨어진다. 대화의 기본은 한 문장을 온전히 말하는 것에 있기 때문에 어릴 때부터, 아이가 한 문장을 온전하게 말할 수 있도록 기다려주고 적절한 반응을 해주어야 한다.

맞벌이 부모여, 아이 앞에서 당당하자

과거에는 일과 사랑 사이의 갈등을 소재로 한 이야기들이 많이 있었다. 그러나 현대의 갈등의 핵심은 바로 일과 아이가 아닐까 싶다.

우리 부부는 운이 좋은 편이다. 부모님과 가까이 살아서 아이를 안심하고 맡길 수 있기 때문이다. 부모님께는 죄송하지만 아이를 맡기기에 가장 좋은 곳이 부모님이다. 할머니, 할아버지의 사랑을 받고 자란 아이는 나쁜 길로 빠질 수가 없다는 것이 아내의 지론이다.

아이가 어릴 때 어린이집이나 유치원에 맡기고 출근을 해본 부모들은 잘 알고 있을 것이다. 평소에도 어린 아이를 맡기는 것이 안쓰럽지만 특히 아이 상태가 좋지 않거나, 맡긴 지 얼마 되지 않았을 때 아이를 보내는 것은 정말 힘들다는 것을. 아이가 만약 울기라도 하면 출근하는 발걸음이 그리 무거울 수 없다. 종일 일이 손에 잡히지 않고 몇 번씩 일을 그만둘 생각을 하게 된다. 아이를 할머니, 할아버지께 맡겼다고 해서 문제가 없는 것은 아니다. 우리 아이의 경우는 부모님 댁과 우리 집의 양쪽에서 생활하다 보니 아이가 안정감 있는 생활을 하지 못했다. 그렇다고 다른 곳에 맡길 수도 없었다. 선택의 여지가 없던 셈이다. 그나마도 우리가 고민해서 내린 결론은 아이와 떨어져 있어도 아이와 함께 있는 것처럼 해보자는 것이었다. 자주 전화를 하는 것은 기본이고 아이가 우리와 함께 있다는 것을 인식할 수 있도록 노력했다. 아이에게 편지를 써놓는다든지, 아이가 자주 가지고 노는 장난감이나 물건에 아이에게 전하는 메모를 붙여놓는 방법을 사용했다.

부모님께 아이를 맡기게 되면서 제일 마음에 걸린 것은 교육 문제다. 아내는 아이가 하루 동안 공부할 분량을 정해서 항상 아이 가방에 챙겨 보낸다. 하루에 풀 수 있는 분량을 책에서 뜯어서 매일매일 아이가 공부할 수 있게 한다. 아내는 새벽에 들어오고, 아무리 피곤해도 아이에게 내줬던 숙제를 항상 점검해서 풀지 못한 문제와 오답을 체크한다. 그리고 아이가 아침에 일어났을 때 다시 복습하게 한다.

아이는 보통 학교 수업이 끝나고 오후 3시부터 할아버지 댁에서 생활을 하고 저녁 8시가 되면 할아버지와 함께 집으로 돌아온다. 약 5시간 동안 아이는 텔레비전 시청과 군것질에 대한 자유를 한껏 누리며 살게 되는 것이다. 아내는 5시간 동안 아이가 지루하지 않게 공부도 하고 잡지도 읽을 수 있도록 다양한 교재와 잡지, 신문 등을 챙겨준다. 그리고 아이가 할아버지와 함께 집에 왔을 때 혼자 있는 느낌을 받을까 봐 아내는 항상 아이에게 편지를 남겨 둔다.

'늦게 퇴근해서 너를 못 보지만 엄마는 태랑이를 항상 생각하고 있어.'

늦게 퇴근해서 잠들어 있는 아이를 보면 불쌍함과 동시에 미안한 생각이 든다. 아이가 가끔 아프기라도 하면 왠지 잘 챙겨주지 못하는 부모 때문인 것 같아서 더 안쓰럽다. 그러나 이러한 마음을 아이에게 들켜서는 안 된다. 미안하다는 생각을 하고 있으면 아이가 잘못을 해도 쉽게 혼내지 못한다. 그리고 다른 아이를 때리는 것과 같은 나쁜 행동을 했을 때도 왠지 내 잘못인 것 같아서 훈계보다 감싸는 경우가 생길 수 있다. 미안한 마음은 속으로만 갖고 있고, 겉으로는 당당해야 한다. 사실 우리 부모들이 힘들게 돈 버는 가장 큰 이유 중 하나가 아이들 때문이기도 하지 않은가.

우리처럼 맞벌이를 해서 가장 아쉬운 점은 아이가 학교에서 돌아왔을 때 따뜻하게 맞아주지 못한다는 것과 평화로운 저녁시간을 아이와 함께하지 못한다는 점이다. 여유롭게 밥도 먹고, 하루에 있던 일도 서로 이야기하고, 함께 책도 읽고, 산책도 하고, 시간이 되면 아이와 서점에도 나가고 야구 경기를 보러 가기도 하면 얼마나 좋을까?

그래도 아이에게 미안해하지 말자. 미안한 마음이 깔려 있으면 아이를 대할 때 자신감이 없어진다. 아이들은 눈치가 빨라서 부모가 미안해하거나 당당하지 못하면 부모를 쉽게 생각한다. 이것은 아이들의 문제가 아니라 양육자의 문제다. 아이를 사랑하는 만큼, 그래서 힘들지만 열심히 사회활동을 하고 있는 만큼 아이 앞에서 더욱 당당한 부모가 되자.

학교와 학원, 그리고 학부모

학교와 학원은 서로 비교를 할 수 없는 전혀 다른 곳임에도 종종 공교육과 사교육이란 이름으로 비교가 된다. 결론부터 말하자면, 학교수업은 학원수업을 따라갈 수가 없다. 멀리 대치동까지 말하지 않아도 근처 학원을 생각해보면 쉽게 답은 나온다. 가장 큰 차이는 학생 수의 차이다. 일반적인 소수정예학원은 학생 수가 많아야 10명이다. 10명이라면 강사가 학생들을 세밀하게 관찰하고 지도할 수 있는 숫자다. 아이가 이해하는지, 수업은 듣고 있는지, 다른 생각은 하지 않는지 확인하면서 수업을 진행할 수 있다.

두 번째 차이는 마음가짐의 차이다. 모든 학원 강사가 그런 것은 아니겠지만, 대부분의 강사는 수업에 자신의 생계가 달려있다. 스타 강사들은 스타 강사라는 타이틀을 잃지 않으려고 자신을 바꾸고 또 바꾼다. 새로운 수업과 새로운 모습의 강사로 매번 다시 태어나는 것이다. 작은 학원들 역시 마찬가지다. 수업 시간이 1시간이라면 적어도 30분 이상 수업준비를 한다. 수업 시간에 아이들의 집중력이 떨어질 때를 대비해서 들려줄 이야기를 준비하기도 한다. 학교 선생님이 '직업적 의무감 + 아이들에 대한 열정'이라면 학원 강사는 '직업적 의무감 + 열정 + 경쟁에서 살아남기 위한 몸부림'이다. 즉, 저녁밥을 위해 달리는 사자보다 살기 위해 달리는 사슴이 더 빠르게 달릴 수 있다는 말이다.

세 번째는 환경의 차이이다. 학교는 의무교육이라는 틀에 아이들을 가르치는 것이지만 학원은 그 과목을 배우기 위해 오는 아이들을 가르친다. 여러 가수가 나오는 공개방송보다 자신이 좋아하는 한 명의 가수가 꾸미는 콘서트가 더 재밌는 이유와 비슷하다.

이렇게 분명한 차이가 있지만, 공교육과 사교육의 교집합 부분도 있다. 과거에는 교집합이 전체집합과 가까웠지만 지금은 교집합이 크지 않다. 학원도 계열별로 다양해졌그, 각자 목적에 따라 세분화되어, 예전처럼 학교 수업과 일정에 목매지 않는다. 단적인 예로, 특목고 입학을 보면 공교육과 사교육이 다른 길을 가는 것처럼 보일 때도 있다. 특목고가 아니더라도 서울대와 같은 상위권 대학에 입학하려 한다면 일반적인 공부스케줄만으로는 힘들다. 언어와 외국어는 고등학교에 입학할 때쯤 수능을 치를 수 있을 정도로 실력을 키워야 한다. 과연 학교 수업만으로 가능할까? 중소 도시의 상위권 고등학교에서 서울대 입학생이 한 명도 나오지 못할 때가 허다하다. 이런 결과가 위의 얘기를 증명한다고 생각한다.

선행학습이 일반화되어 있는 상황에서 학교에서 학생들을 가르치기는 쉽지 않을 것이다. 최상위권이나 최하위권 학교는 오히려 아이들을 가르치기 편하다. 최상위권 학생들은 학원에서 이미 한두 번씩 진도를 끝냈을 것이고 최하위권 학생들은 아무것도 모른다는 가정하에 밑그림부터 그려나가면 된다. 그러나 일반학교라면 이야기가 달라진다. 학생들의 학업성취 정도도 다르고 공부방법도 다르고 학업과정도 천차만별이다. 반 아이 중에는 학년 진도를 모두 마친 학생도 있고 처음 진도를 나가는 학생도 있다. 이때 선생님들께서는 어떤 학생의 수준과 성취 정도에 맞춰 수업을 진행할 것인지 고민을 하지 않을 수가 없다. 생각만 해도 막막한 노릇이다.

그러나 방법은 있다고 생각한다. 어쨌든 칼자루는 선생님이 쥐고 있는 것이다. 중학교에서는 고등학교 입학이 내신과 관련되어 있기에, 학교 선생님이 교육의 주도권을 장악하고 있다.

과학과목을 예로 들어 보자.

같은 학년 과학 선생님들과 협의해서 수업을 탐구활동 위주로 짜고 중간 기말고사도 일반 문제집이 아니라 학교 탐구활동을 중심으로 출제하면 선행학습의 여부와 관계없이 수업을 진행할 수 있고, 수업 자체의 완성도 역시 높아질 것이다. 그리고 이렇게 수업의 형태가 바뀌면 학원 역시 학교를 따라갈 수밖에 없다. 수업의 목적이 교과 과정을 아이들에게 이해시키고 습득시키는 것이라고 한다면, 탐구활동 위주의 수업은 그런 목적에 가장 부합한다고 생각한다.

문제는 예산이 더 든다는 점이고 선성님 서로 간에 소통이 원활해야 하며, 더 많은 시간의 투자와 노력이 필요하다는 점이다. 학생을 평가하는 잣대가 모호하다는 것 역시 쉬운 문제가 아니다. 그러나 선생님들 사이에 통일안을 마련하고 소통을 원활히 한다면 불가능한 것만은 아니라고 생각한다. 그리고 그간의 수업방식과 수업방식에 익숙해진 일부 선생님들도 변화의 필요성을 절감하고 자신을 변화시킬 기회로 삼는다면 공교육이 다시 힘을 얻을 것으로 생각한다.

학교와 학원은 각자의 영역이 있다. 학교가 바른 교육을 주도하고 학원이 학교의 역할이 미치지 못하는 부분을 뒷받침해야 한다고 생각한다. 그러나 요즘 현실을 보면 초 · 중등 학원은 학교에서 보는 시험을 잘 보기 위한 곳으로만 비칠 뿐이다.

다시 한 번 말하지만, 아이들 교육에 대한 주도권은 학교와 선생님들이 쥐고 있다. 실험과 다양한 활동 위주의 수업을 통해 아이들의 실제 실력을 키우고, 아이들의 숨어 있는 특성과 재능을 발견할 수 있도록 유도해야 한다. 그리고 학원은 부분별로 아이들을 심화 발전시킬 수 있도록 특성화해야 한다. 그리고 부모는 아이를 성적의 숫자로만 평가하고 판단할 것이 아니라, 아이에게 부족한 부분은 채워주고, 재능을 발견한 부분은 더욱 심화 발전할 수 있도록 세심하게 관찰해야 하고 지원해야 한다.

똑똑한 부모 참고서

초판 1쇄 인쇄 2010년 7월 23일
초판 1쇄 발행 2010년 7월 26일

지 은 이   최석재
발 행 인   정현순
발 행 처   지혜정원
출판등록   2010년 1월 5일 제313-3호
주   소   서울시 마포구 서교동 483-15 501호
문   의   TEL : (02)6401-5510 / FAX : (02)6280-7379

내지디자인   디자인 숲
표지디자인   이용희

ISBN 978-89-963759-4-4 13370
값 12,000원

이 책은 저작권법에 따라 보호받는 저작물이므로 무단전재와 무단복제를 금합니다.
파본이나 잘못 만들어진 책은 구입하신 서점에서 바꾸어 드립니다.